【现代乡村社会治理系列】

农村集体经济组织会计制度操作实务

主编　朱玉峰

时代出版传媒股份有限公司
安徽科学技术出版社

图书在版编目(CIP)数据

农村集体经济组织会计制度操作实务 / 朱玉峰主编. --合肥:安徽科学技术出版社,2024.1
助力乡村振兴出版计划. 现代乡村社会治理系列
ISBN 978-7-5337-8952-7

Ⅰ. ①农… Ⅱ. ①朱… Ⅲ. ①农业合作组织-农业会计 Ⅳ. ①F302.6

中国国家版本馆 CIP 数据核字(2023)第 251077 号

农村集体经济组织会计制度操作实务 主编 朱玉峰

出 版 人:王筱文 选题策划:丁凌云 蒋贤骏 余登兵 责任编辑:李志成
责任校对:李 春 责任印制:梁东兵 装帧设计:武 迪
出版发行:安徽科学技术出版社 http://www.ahstp.net
(合肥市政务文化新区翡翠路 1118 号出版传媒广场,邮编:230071)
电话:(0551)63533330
印 制:合肥华云印务有限责任公司 电话:(0551)63418899
(如发现印装质量问题,影响阅读,请与印刷厂商联系调换)

开本:720×1010 1/16 印张:10 字数:135 千
版次:2024 年 1 月第 1 版 印次:2024 年 1 月第 1 次印刷

ISBN 978-7-5337-8952-7 定价:40.00 元

【现代乡村社会治理系列】

［本系列主要由安徽农业大学、安徽省委党校（安徽行政学院）组织编写］

总主编：马传喜

副总主编：王华君　孙　超　张　超

出版说明

“助力乡村振兴出版计划”（以下简称“本计划”）以习近平新时代中国特色社会主义思想为指导，是在全国脱贫攻坚目标任务完成并向全面推进乡村振兴转进的重要历史时刻，由中共安徽省委宣传部主持实施的一项重点出版项目。

本计划以服务乡村振兴事业为出版定位，围绕乡村产业振兴、人才振兴、文化振兴、生态振兴和组织振兴展开，由“现代种植业实用技术”“现代养殖业实用技术”“新型农民职业技能提升”“现代农业科技与管理”“现代乡村社会治理”五个子系列组成，主要内容涵盖特色养殖业和疾病防控技术、特色种植业及病虫害绿色防控技术、集体经济发展、休闲农业和乡村旅游融合发展、新型农业经营主体培育、农村环境生态化治理、农村基层党建等。选题组织力求满足乡村振兴实务需求，编写内容努力做到通俗易懂。

本计划的呈现形式是以图书为主的融媒体出版物。图书的主要读者对象是新型农民、县乡村基层干部、“三农”工作者。为扩大传播面、提高传播效率，与图书出版同步，配套制作了部分精品音视频，在每册图书封底放置二维码，供扫码使用，以适应广大农民朋友的移动阅读需求。

本计划的编写和出版，代表了当前农业科研成果转化和普及的新进展，凝聚了乡村社会治理研究者和实务者的集体智慧，在此谨向有关单位和个人致以衷心的感谢！

虽然我们始终秉持高水平策划、高质量编写的精品出版理念，但因水平所限仍会有诸多不足和错漏之处，敬请广大读者提出宝贵意见和建议，以便修订再版时改正。

本册编写说明

为了帮助广大农村集体经济组织会计人员、“三资”代理服务中心人员及村民理财小组等人员更好地学习、理解和掌握财政部新修订的《农村集体经济组织会计制度》，我们组织编写了《农村集体经济组织会计制度操作实务》一书，该书系统梳理了农村集体经济组织经常发生的200多项经济业务事项，详细介绍了每项经济业务事项的会计处理方法，内容新颖、分类细致、浅显易懂、操作性强，是农村集体经济组织会计从业人员案头必备工具书和培训教材。

本书内容共分八章，第一章主要阐述农村集体经济组织会计制度修订的背景、遵循的原则、修订的主要内容及修订后的会计科目等；第二章主要讲解农村集体经济组织资产类会计科目设置以及各类资产的增减变动业务事项的会计处理；第三章主要讲解负债类会计科目设置以及各类负债的增减变动业务事项的会计处理；第四章主要讲解收入类会计科目设置以及各类收入的发生及结转业务事项的会计处理；第五章主要讲解成本类会计科目设置以及成本的归集及结转业务事项的会计处理；第六章主要讲解费用类会计科目设置以及各类费用的发生及结转业务事项的会计处理；第七章主要讲解所有者权益类会计科目设置以及资本、公积公益金及收益分配等业务事项的会计处理；第八章主要讲解会计报表格式及编制说明。

我们努力打造农村集体经济组织会计制度实务精品，规范农村集体经济组织的会计行为，提高会计信息质量，促进农村集体经济组织的健康发展，服务乡村振兴事业。

目　录

第一章　《农村集体经济组织会计制度》概述……1

第一节　《农村集体经济组织会计制度》修订背景……1

第二节　《农村集体经济组织会计制度》修订遵循的原则……3

第三节　《农村集体经济组织会计制度》的主要内容……4

第四节　会计科目的名称和编号……5

第二章　资产类科目的核算……7

第一节　资产概述……7

第二节　库存现金的核算……8

第三节　银行存款的核算……10

第四节　短期投资的核算……11

第五节　应收款的核算……12

第六节　内部往来的核算……13

第七节　库存物资的核算……16

第八节　消耗性生物资产的核算……18

第九节　生产性生物资产的核算……23

第十节　生产性生物资产累计折旧的核算……29

第十一节　公益性生物资产的核算……30

第十二节　长期投资的核算……33

第十三节　固定资产的核算……36

第十四节　累计折旧的核算……41

第十五节　在建工程的核算……44

第十六节　固定资产清理的核算……47

第十七节　无形资产的核算 ······49
第十八节　累计摊销的核算 ······52
第十九节　长期待摊费用的核算 ······55
第二十节　待处理财产损溢的核算 ······56

第三章　负债类科目的核算 ······59

第一节　负债概述 ······59
第二节　短期借款的核算 ······59
第三节　应付款的核算 ······61
第四节　应付工资的核算 ······63
第五节　应付劳务费的核算 ······64
第六节　应交税费的核算 ······65
第七节　长期借款及应付款的核算 ······68
第八节　一事一议资金的核算 ······70
第九节　专项应付款的核算 ······73

第四章　收入类科目的核算 ······76

第一节　收入概述 ······76
第二节　经营收入的核算 ······77
第三节　投资收益的核算 ······80
第四节　补助收入的核算 ······82
第五节　其他收入的核算 ······83

第五章　成本类科目的核算 ······85

第一节　生产(劳务)成本概述 ······85
第二节　生产(劳务)成本的核算 ······85

第六章　费用类科目的核算 ······89

第一节　费用概述 ······89

第二节　经营支出的核算 ……………………………………90
第三节　税金及附加的核算 …………………………………91
第四节　管理费用的核算 ……………………………………93
第五节　公益支出的核算 ……………………………………95
第六节　其他支出的核算 ……………………………………96

第七章　所有者权益类科目的核算 …………………………98
第一节　所有者权益概述 ……………………………………98
第二节　资本的核算 …………………………………………99
第三节　公积公益金的核算 …………………………………100
第四节　本年收益的核算 ……………………………………105
第五节　收益分配的核算 ……………………………………106
第六节　所得税费用的核算 …………………………………108

第八章　会计报表格式及编制说明 …………………………110
第一节　资产负债表格式及编制说明 ………………………110
第二节　收益与收益分配表格式及编制说明 ………………116
第三节　会计报表附注及编制说明 …………………………119

附录　相关法规 ………………………………………………121
附录1:农村集体经济组织财务制度 …………………………121
附录2:农村集体经济组织会计制度 …………………………128
附录3:农村集体经济组织新旧会计制度有关衔接问题的处理规定 ……………………………………………………143

第一章 《农村集体经济组织会计制度》概述

第一节 《农村集体经济组织会计制度》修订背景

农村集体经济组织是以土地集体所有为基础，依法代表成员集体行使所有权，实行家庭承包经营为基础、统分结合双层经营体制的地区性经济组织。农村集体经济组织是发展壮大农村集体经济、巩固社会主义公有制、促进共同富裕的重要主体。为规范村集体经济组织会计工作，财政部曾于2004年制定发布《村集体经济组织会计制度》(财会〔2004〕12号，以下简称原会计制度)，并于2005年1月1日起施行。原会计制度适应了当时农村税费改革和推进基层民主管理等要求，对加强和规范村集体经济组织的会计工作，发挥了积极作用。近年来，随着我国“三农”工作改革与发展，农村集体经济发展面临新形势，对农村集体经济组织的会计核算提出了新要求，财政部对《村集体经济组织会计制度》(财会〔2004〕12号)进行了修订，并于2023年9月25日印发了《农村集体经济组织会计制度》(财会〔2023〕14号，以下简称《制度》)，自2024年1月1日起施行。具体修订背景如下：

一是贯彻落实党中央、国务院决策部署，服务乡村振兴战略。党中央、国务院高度重视“三农”工作，多次对“三农”工作作出重要指示批示。农村集体经济组织作为我国农村集体经济的重要载体，其规范健康

注：本章第一～第三节内容参考引用中华人民共和国财政部网站“财政部会计司有关负责人就印发《农村集体经济组织会计制度》答记者问”(http://kjs.mof.gov.cn/zhengce-jiedu/202309/t20230922_3908545.htm)

发展对于“三农”工作具有重要意义。2016年12月，中共中央、国务院印发《关于稳步推进农村集体产权制度改革的意见》(中发〔2016〕37号)，提出“修订完善农村集体经济组织财务会计制度”。2018年9月，中共中央、国务院印发《乡村振兴战略规划(2018—2022年)》，要求以乡村基础财务会计制度建设、基本财会人员选配和专业技术培训为重点，提升农村集体经济组织等的财务会计管理水平和开展各类基本经济活动的规范管理能力。党的二十大报告强调坚持农业农村优先发展，对全面推进乡村振兴作出重要部署，提出巩固和完善农村基本经营制度，发展新型农村集体经济。为贯彻落实党中央、国务院决策部署，更好地服务乡村振兴战略，需要对原会计制度进行修订。

二是适应农村集体经济组织发展新形势新要求，服务农村经济发展。近年来，随着我国乡村振兴战略的深入实施和农村集体产权制度改革的不断深化，我国农村集体经济取得了快速发展，农村集体经济组织经营规模不断扩大，经营方式更加多元，经营管理更加规范，与其他经济主体联系更加紧密；同时，随着国家“三农”改革与发展不断推进，农村集体经济组织的外部经济法律环境、内生发展需求动力等发生了新变化，农村集体经济组织的资产类型、业务范围等有所扩大，涉税业务有所变化，对农村集体经济组织的会计核算提出了新要求。为此，需要对原会计制度进行修订，以满足农村集体经济组织业务发展的需要。

三是进一步与相关法律法规协调衔接，服务农村集体经济组织规范发展。目前正在制定中的《农村集体经济组织法(草案)》对农村集体经济组织的业务范围、运营管理、收益分配等方面做出了明确规定，财政部2021年底印发的《农村集体经济组织财务制度》(财农〔2021〕121号)等对农村集体经济组织财务管理等方面提出了新的要求，原会计制度中部分内容已不再适用。为做好与《农村集体经济组织法(草案)》、《农村集体经济组织财务制度》等法律法规的协调衔接，需要对原会计制度做出相应调整。

第二节 《农村集体经济组织会计制度》修订遵循的原则

修订《制度》主要遵循了以下原则：

一是聚焦会计核算。原会计制度中除了规范会计核算的内容外，还包含了财务管理、会计基础工作、会计档案管理等方面内容，内容相对庞杂，并且其中有些具体规定随着相关法律法规的修订已不再适用。本次修订本着聚焦规范会计核算工作，分章节重点对资产、负债、所有者权益、收入、费用、收益等会计要素的定义、确认、计量和账务处理等内容进行统一全面规范，删减了财务管理等其他非会计核算内容，并通过新增部分条款对删减的涉及会计基础工作和会计档案管理等内容作原则性规定。

二是坚持问题导向。围绕农村集体经济组织业务发展需要和财务管理要求，本次修订增加了“无形资产”“待处理财产损溢”“专项应付款”“公益支出”“应交税费”“税金及附加”“所得税费用”等会计科目，将原会计制度中的“农业资产”(仅针对牲畜资产、林木资产)调整为“生物资产”，将原会计制度中的“发包及上交收入”会计科目内容按其经济实质分别调整纳入“经营收入”和“投资收益”会计科目，删除了“应付福利费”“农业税附加返还收入”会计科目，并对相关会计核算要求做出相应调整。修订后的会计科目与企业、农民专业合作社等其他经济主体的有关会计核算更协调一致。

三是突出“农”字属性。在满足会计核算需求的前提下，本次修订兼顾农村集体经济组织的经济功能与社会功能，充分考虑“三农”特点，保留原会计制度中“内部往来”“一事一议资金”等具有农村集体经济特点的会计科目；不要求计提资产减值准备，适当保留务实简化的会计核算要求；贯彻落实有关加强扶贫项目资产后续管理的要求，针对扶贫项目资产要求设置备查簿进行登记管理；将农村集体经济组织的资本严格限定在集体经济组织内部，体现农村集体经济组织特有的集体属性等。

四是加强协调衔接。为更好体现农村集体经济组织财务状况、经营成果,根据修订后的会计科目及会计核算等要求,本次修订对资产负债表、收益及收益分配表等会计报表格式和编制说明进一步修订完善;同时增加了会计报表附注相关要求,充分体现农村集体经济组织特点、全面反映农村集体经济组织情况,保障农村集体经济组织及其成员的合法权益。

第三节 《农村集体经济组织会计制度》的主要内容

《农村集体经济组织会计制度》由正文和附录两部分组成。

正文共八章七十条。第一章总则共十六条,主要阐述了《农村集体经济组织会计制度》的制定目的和制定依据、适用范围、会计基础、会计信息质量要求等总体要求。第二章至第五章共四十四条,主要结合农村集体经济组织主要生产经营活动,对资产、负债、所有者权益以及成本、收入和费用等会计要素的确认和计量做出规范。第六章收益及收益分配共三条,主要对农村集体经济组织收益的形成和分配等会计处理做出规范。第七章财务会计报告共五条,主要对农村集体经济组织会计报表类型、会计报表附注、编制要求以及会计政策、会计估计变更和差错更正等做出规范。第八章附则共两条,主要规范施行日期以及与原制度的衔接问题,并对农村集体经济组织会计基础工作、会计档案管理等工作提出原则要求。

附录共两部分,分别为会计科目及编制说明、会计报表格式及编制说明。会计科目及编制说明部分,主要明确了42个会计科目的具体设置、核算内容和主要账务处理。会计报表格式及编制说明部分,主要明确了资产负债表、收益及收益分配表的格式及编制说明,以及会计报表附注内容及编制说明等。

第四节 会计科目的名称和编号

本制度统一规定农村集体经济组织会计科目的名称和编号(表1-1),以便于填制会计凭证,登记会计账簿,查阅会计账目,实行会计信息化管理。农村集体经济组织不存在的交易或者事项,可不设置相关科目;农村集体经济组织在不违反本制度中确认、计量和报告规定的前提下,可以根据自身实际情况自行增设必要的会计科目;可以比照本附录的规定自行设置明细科目,进行明细核算。

表1-1 农村集体经济组织会计科目的名称和编号

顺序号	编号	会计科目名称
		一、资产类科目
1	101	库存现金
2	102	银行存款
3	111	短期投资
4	112	应收款
5	113	内部往来
6	121	库存物资
7	131	消耗性生物资产
8	132	生产性生物资产
9	133	生产性生物资产累计折旧
10	134	公益性生物资产
11	141	长期投资
12	151	固定资产
13	152	累计折旧
14	153	在建工程
15	154	固定资产清理
16	161	无形资产
17	162	累计摊销

续表

顺序号	编号	会计科目名称
18	171	长期待摊费用
19	181	待处理财产损溢
		二、负债类科目
20	201	短期借款
21	211	应付款
22	212	应付工资
23	213	应付劳务费
24	214	应交税费
25	221	长期借款及应付款
26	231	一事一议资金
27	241	专项应付款
		三、所有者权益类科目
28	301	资本
29	311	公积公益金
30	321	本年收益
31	322	收益分配
		四、成本类科目
32	401	生产(劳务)成本
		五、损益类科目
33	501	经营收入
34	502	投资收益
35	503	补助收入
36	504	其他收入
37	511	经营支出
38	512	税金及附加
39	513	管理费用
40	514	公益支出
41	515	其他支出
42	521	所得税费用

第二章 资产类科目的核算

第一节 资产概述

一、农村集体经济组织资产的定义

农村集体经济组织的资产，是指农村集体经济组织过去的交易或者事项形成的、由农村集体经济组织拥有或者控制的、预期会给农村集体经济组织带来经济利益或者承担公益服务功能的资源。

二、农村集体经济组织资产的分类

农村集体经济组织的资产按照流动性分为流动资产和非流动资产。农村集体经济组织的资产应当按照成本计量。

流动资产是指在 1 年内(含 1 年)或超过 1 年的一个营业周期内变现、出售或耗用的资产，包括货币资金、短期投资、应收款项、存货、消耗性生物资产等。

非流动资产是指流动资产以外的资产，包括长期投资、生产性生物资产、固定资产、无形资产、公益性生物资产、长期待摊费用等。

第二节 库存现金的核算

一 库存现金的核算内容

库存现金是指由农村集体经济组织出纳人员保管，供日常零星开支使用的一种货币资金。

为了反映库存现金的增减变动情况，农村集体经济组织应设置“库存现金”科目，用于核算农村集体经济组织的库存现金收支和结存情况。该科目的借方登记库存现金的增加额；贷方登记库存现金的减少额；期末借方余额，反映农村集体经济组织实际持有的库存现金。

农村集体经济组织应当设置“库存现金日记账”，由出纳人员根据收付款凭证，按照业务发生顺序逐笔登记。每日终了，应当计算当日的现金收入合计额、现金支出合计额和结余额，将结余额与实际库存额核对，做到账款相符。

二 库存现金的会计处理

（一）农村集体经济组织收到现金时，借记本科目，贷记有关科目；支出现金时，借记有关科目，贷记本科目。

【例2-1】2024年1月16日，A村集体经济组织会计收到成员交来的“一事一议”专项筹资款200元，根据筹资方案、收款凭据等原始凭证，账务处理如下：

借：库存现金　　200

　　贷：内部往来　　200

【例2-2】2024年1月1日，A村集体经济组织用现金购买办公用品300元，根据费用报销单等原始凭证，账务处理如下：

借：管理费用　　300

　　贷：库存现金　　300

（二）每日终了结算现金收支、财产清查等发现的有待查明原因的现金短缺或溢余，应当通过“待处理财产损溢”科目核算：属于现金短缺，按照实际短缺的金额，借记“待处理财产损溢——待处理流动资产损溢”科目，贷记本科目；属于现金溢余，按照实际溢余的金额，借记本科目，贷记“待处理财产损溢——待处理流动资产损溢”科目。

现金清查核对现金账面余额与库存现金是否相符。清查发现有现金长款或短款的，查明原因，据实编制凭证，调整账簿。

【例2-3】A村集体经济组织2024年1月10日进行现金盘点，发现盘点数比账面数多（长款）300元，原因待查，根据盘点单等原始凭证，账务处理如下：

借：库存现金　300

　　贷：待处理财产损溢——待处理流动资产损溢　300

【例2-4】接上例，经查明，盘点数比账面数多（长款）300元，属于出纳工作失误多收的款项，现无法退还，履行相应审批程序后，经批准确认为其他收入，根据盘点单、批准文件等原始凭证，账务处理如下：

借：待处理财产损溢——待处理流动资产损溢　300

　　贷：其他收入——现金盘盈收入　300

【例2-5】B村集体经济组织2024年1月10日进行现金盘点，发现盘点数比账面数少（短款）180元，原因待查，根据盘点单等原始凭证，账务处理如下：

借：待处理财产损溢——待处理流动资产损溢　180

　　贷：库存现金　180

【例2-6】接上例，经查，其中100元为村出纳会计工作失误原因造成的，其余短缺80元确实无法查明原因，履行相应审批程序后，经批准确认为资产损失，根据盘点单、批准文件等原始凭证，账务处理如下：

借：内部往来——村会计　100

　　其他支出　80

　　贷：待处理财产损溢——待处理流动资产损溢　180

【例2-7】接上例，收到村会计上缴的100元，账务处理如下：

借：库存现金　100

　　贷：内部往来——村会计　100

第三节 银行存款的核算

一、银行存款的核算内容

为了反映银行存款的增减变动情况，农村集体经济组织应设置“银行存款”科目，用于核算农村集体经济组织存入银行或其他金融机构的款项。该科目借方登记银行存款的增加额，贷方登记银行存款的减少额；期末借方余额，反映农村集体经济组织存在银行或其他金融机构的各种款项。

农村集体经济组织应当按照开户银行和其他金融机构、存款种类等设置“银行存款日记账”，由出纳人员根据收付款凭证，按照业务的发生顺序逐笔登记。每日终了，应结出余额。

“银行存款日记账”应定期与“银行对账单”核对，至少每月核对一次。农村集体经济组织银行存款账面余额与银行对账单余额之间如有差额，应编制“银行存款余额调节表”进行核对，以查明出现差额的原因，并调节使之相符。

二、银行存款的会计处理

农村集体经济组织将款项存入银行或其他金融机构时，借记本科目，贷记有关科目；提取和支出存款时，借记有关科目，贷记本科目。

【例2-8】2024年2月16日，A村集体经济组织农行账户收到县财政局拨付的×项目“一事一议”奖补资金50 000元，根据银行进账单及其他相关原始凭证，账务处理如下：

借：银行存款——农行存款 50 000
　贷：一事一议资金——×项目 50 000

【例2-9】2024年2月18日，A村集体经济组织用筹资款修路，通过银行转账方式支付工程款10 000元，根据银行汇款单位及其他相关原始凭证，账务处理如下：

借：在建工程　　　　10 000

　　贷：银行存款　　　　10 000

第四节　短期投资的核算

一　短期投资的核算内容

为了反映短期投资的增减变动情况，农村集体经济组织应设置"短期投资"科目，用于核算农村集体经济组织购入的能够随时变现并且持有时间不准备超过1年（含1年）的股票、债券等有价证券等投资。该科目的借方登记短期投资的取得成本；贷方登记短期投资处置时结转的实际成本；期末借方余额，反映农村集体经济组织持有的短期投资的成本。

本科目应按照短期投资的种类设置明细科目，进行明细核算。

二　短期投资的会计处理

（一）农村集体经济组织进行短期投资时，按照实际支付的价款、相关税费等，借记本科目，贷记"银行存款"等科目。

【例2-10】2024年1月1日，经批准，A村集体经济组织用银行存款购买能够随时变现并且持有时间不准备超过1年（含1年）的国库券20 000元，另支付手续费1 000元，根据银行汇款单位及相关原始凭证，账务处理如下：

借：短期投资——国库券　　　　21 000

　　贷：银行存款　　　　21 000

（二）出售、转让和收回短期投资时，按照实际收到的价款，借记"银行存款"等科目，按照该短期投资的账面余额，贷记本科目，按照尚未领取的现金股利、利润或利息，贷记"应收款"科目，按照其差额，贷记或借记"投资收益"科目。

【例2-11】接上例，2024年10月1日，经批准，A村集体经济组织将持有的20 000元国库券向外出售，取得价款26 000元，根据银行进账单位及相关原始凭证，账务处理如下：

借：银行存款　　26 000
　　贷：短期投资——国库券　　21 000
　　　　投资收益　　5 000

第五节　应收款的核算

一、应收款的核算内容

为了反映应收款的增减变动情况，农村集体经济组织应设置“应收款”科目，用于核算农村集体经济组织与非成员之间发生的各种应收及暂付款项，如因销售库存物资、提供劳务应收取的款项以及应收的各种赔款、罚款、利息等。该科目的借方登记应收款的增加额；贷方登记应收款的减少额；期末借方余额，反映农村集体经济组织尚未收回的应收及暂付款项。

本科目应按照发生应收及暂付款项的非成员的单位或个人设置明细科目，进行明细核算。

二、应收款的会计处理

（一）农村集体经济组织与非成员之间发生各种应收及暂付款项时，借记本科目，贷记“库存现金”“银行存款”“经营收入”“投资收益”等科目；收回应收款时，借记“库存现金”“银行存款”等科目，贷记本科目。取得用暂付款购得的库存物资、服务时，借记“库存物资”等科目，贷记本科目。

【例2-12】2024年1月1日，某村集体经济组织向××粮食集团赊销玉米10 000千克，售价为每千克1.2元，现货已发出，并开具了销售发票，根据销售单及相关原始凭证，账务处理如下：

借：应收款——××粮食集团　　12 000

贷:经营收入　　12 000

【例2-13】接上例,2024年3月15日,该村集体经济组织工行账户收到××粮食集团的玉米款12 000元,根据银行进账单等原始凭证,账务处理如下:

借:银行存款——工行存款　　12 000
　　贷:应收款——××粮食集团　　12 000

(二)对确实无法收回的应收及暂付款项,按规定程序批准核销时,借记“其他支出”科目,贷记本科目。

【例2-14】外村张三现下落不明,原来所欠本村款项500元,难以收回,经确认为坏账予以核销,根据审批文件等原始凭证,账务处理如下:

借:其他支出——坏账损失　　500
　　贷:应收款——张三　　500

第六节　内部往来的核算

一　内部往来的核算内容

为了反映内部往来的增减变动情况,农村集体经济组织应设置“内部往来”科目,用于核算农村集体经济组织与成员之间发生的各种应收、暂付及应付、暂收款项等经济往来业务,如一事一议资金、年终收益成员分红、成员承包费、承包地和闲置农房委托流转资金以及代收成员水电费、物业费等。该科目借方登记农村集体经济组织与成员之间发生的应收款项及暂应付款项;贷方登记收回应收款项及暂收款项金额;期末借方余额合计数反映农村集体经济组织成员欠农村集体经济组织的款项总额;期末贷方余额合计数反映农村集体经济组织欠成员的款项总额。各明细科目年末借方余额合计数应在资产负债表的“应收款项”项目内反映,年末贷方余额合计数应在资产负债表的“应付款项”项目内反映。

本科目应按照农村集体经济组织的成员设置明细科目,进行明细核算。

一、内部往来的会计处理

（一）农村集体经济组织与成员发生应收款项和偿还应付款项时，借记本科目，贷记“库存现金”“银行存款”等科目；收回应收款项、发生应付款项、一次收取多期发包或出租款项等时，借记“库存现金”“银行存款”等科目，贷记本科目。发生无法收回的内部往来款项时，借记“其他支出”科目，贷记本科目。发生无须偿还的内部往来款项时，借记本科目，贷记“其他收入”科目。一次收取多期发包或出租款项的，每期确认发包或出租收入时，借记本科目，贷记“经营收入”科目。

【例2-15】A村集体经济组织将村鱼塘出租给本村成员张三，根据租赁协议规定，年租金为1万元，需要预交三年的租金。

（1）2024年1月1日收到张三交纳的租金30 000元，并存入银行时，账务处理如下：

借：银行存款　　30 000

　　贷：内部往来——张三　　30 000

（2）2024年12月31日确认当年出租收入时，账务处理如下：

借：内部往来——张三　　10 000

　　贷：经营收入——发包收入　　10 000

（二）农村集体经济组织因成员承包集体耕地、林地、果园、鱼塘等而发生的应收承包金等，年终按经过批准的方案结算出本期成员应交未交的款项时，借记本科目，贷记“经营收入——发包收入”科目；实际收到款项时，借记“库存现金”“银行存款”等科目，贷记本科目。

【例2-16】B村集体经济组织将村果园承包给本村成员李四，年承包金为10 000元，截止到2024年12月31日，尚未收到承包金，根据承包合同等原始凭证，账务处理如下：

借：内部往来——李四　　10 000

　　贷：经营收入——发包收入　　10 000

【例2-17】接上例，2025年2月16日，收到李四之前欠的承包金10 000元，并存入银行，根据银行进账单等原始凭证，账务处理如下：

借：银行存款　　10 000
　贷：内部往来——李四　　10 000

（三）农村集体经济组织因筹集一事一议资金与成员发生的应收款项，在筹资方案经成员大会或成员代表大会通过时，按照筹资方案规定的金额，借记本科目，贷记“一事一议资金”科目；收到款项时，借记“库存现金”“银行存款”等科目，贷记本科目。

【例2-18】某村集体经济组织因修村内桥梁进行“一事一议”筹资，经成员大会讨论通过，每户应交20元筹资款，全村应收6 000元，实际收到5 800元。

（1）“一事一议”筹资方案经成员大会通过后，账务处理如下：

借：内部往来——农户名　　6 000
　贷：一事一议资金——修建桥梁　　6 000

（2）收到农户交来筹资款时，账务处理如下：

借：库存现金　　5 800
　贷：内部往来——农户名　　5 800

（四）农村集体经济组织在对成员进行收益分配时，借记“收益分配——各项分配”科目，贷记本科目；实际发放款项时，借记本科目，贷记“银行存款”科目。

【例2-19】2024年1月1日，根据扶贫相关文件规定，经村民代表大会审议，决定对农村集体经济组织成员分配光伏扶贫电站发电收益20 000元，根据收益分配表等原始凭证，账务处理如下：

借：收益分配——各项分配　　20 000
　贷：内部往来——农户名　　20 000

【例2-20】接上例，2024年2月16日，通过银行转账方式向农村集体经济组织成员发放光伏扶贫电站发电收益20 000元，根据收益分配表、银行汇款单等原始凭证，账务处理如下：

借：内部往来——农户名　　20 000
　贷：银行存款　　20 000

第七节　库存物资的核算

一　库存物资的核算内容

为了反映库存物资的增减变动情况，农村集体经济组织应设置“库存物资”科目，用于核算农村集体经济组织库存的各种原材料、农用材料、农产品、工业产成品、低值易耗品等物资。该科目借方登记库存物资的增加额；贷方登记库存物资的减少额；期末借方余额，反映农村集体经济组织库存物资的实际成本。

本科目应按照库存物资的品名设置明细科目，进行明细核算。

二　库存物资的会计处理

（一）购入、接受捐赠或政府补助的物资验收入库时，按照确定的实际成本，借记本科目，贷记“应收款”“应付款”“银行存款”“公积公益金”等科目。会计期末，对已收到发票账单但尚未到达或尚未验收入库的物资，借记本科目，贷记“应付款”“公积公益金”等科目。按照应支付的相关税费，贷记“应交税费”等科目。

【例2-21】2024年1月1日，A集体经济组织通过银行转账方式向农资公司购买小麦种子10 000元，并以现金方式支付税费1 000元、运输费500元、装卸费300元，货到后经验收无误后办理入库，根据付款单、物资验收入库单等原始凭证，账务处理如下：

借：库存物资——种子　　11 800
　　贷：银行存款　　10 000
　　　　库存现金　　1 800

【例2-22】2024年1月1日，A集体经济组织接受某农资公司定向捐赠的农药一批，根据对方提供的相关凭据显示，该批农药的价值为20 000元，经验收无误后办理入库，根据捐赠凭据及物资验收入库单等原始凭证，账务处理如下：

借:库存物资——农药　　20 000

　贷:公积公益金　　20 000

(二)农产品收获、生产完工的工业产成品入库时,按照入库物资的实际成本,借记本科目,贷记"消耗性生物资产""生产(劳务)成本"等科目。

【例2-23】2024年6月1日,某农村集体经济组织组织成员自行种植花生,种植过程中实际发生种子、农药、化肥等成本费用共计26 000元,现花生已成熟,收获1 000千克,可以对外出售,根据物资验收入库单等原始凭证,账务处理如下:

借:库存物资——花生　　26 000

　贷:消耗性生物资产　　26 000

(三)领用库存物资时,按照领用物资的实际成本,借记"生产(劳务)成本""在建工程""管理费用"等科目,贷记本科目。

【例2-24】2024年5月1日,某集体经济组织领用化肥120袋,用于给自行种植的蔬菜施肥,该120袋化肥的实际成本为6 000元,根据物资出库单等原始凭证,账务处理如下:

借:消耗性生物资产　　6 000

　贷:库存物资——化肥　　6 000

(四)销售库存物资时,按照实现的销售收入,借记"库存现金""银行存款""应收款"等科目,贷记"经营收入"等科目;按照销售物资的实际成本,借记"经营支出"等科目,贷记本科目。

【例2-25】2024年6月20日,某集体经济组织将自行种植的成本为26 000元花生向外销售,取得价款40 000元,已转入银行,根据销售出库单、发票及银行进账单等原始凭证,账务处理如下:

(1)对外销售收入,并收到款项时:

借:银行存款　　40 000

　贷:经营收入——销售收入　　40 000

(2)结转销售物资成本时:

借:经营支出——销售成本　　26 000

　贷:库存物资——花生　　26 000

（五）期末清查盘点，发现盘盈、盘亏、毁损、报废的库存物资，按照实际成本（或估计价值），借记或贷记本科目，贷记或借记“待处理财产损溢——待处理流动资产损溢”科目。

【例2-26】2024年6月30日，某集体经济组织组织对库存物资进行盘点，发现有2瓶价值200元的农药毁损，根据盘点单等原始凭证，账务处理如下：

借：待处理财产损溢——待处理流动资产损溢　　200
　贷：库存物资——农药　　200

第八节　消耗性生物资产的核算

一、消耗性生物资产的核算内容

消耗性生物资产包括生长中的大田作物、蔬菜、用材林以及存栏待售的牲畜、鱼虾贝类等为出售而持有的或在将来收获为农产品的生物资产。

为了反映和监督消耗性生物资产的增减变动情况，农村集体经济组织应设置“消耗性生物资产”科目，用于核算农村集体经济组织持有的消耗性生物资产的实际成本。该科目的借方登记消耗性生物资产的增加额；贷方登记消耗性生物资产的减少额；期末借方余额，反映农村集体经济组织持有的消耗性生物资产的实际成本。

本科目应按照消耗性生物资产的种类、群别等设置明细科目，进行明细核算。

二、消耗性生物资产的会计处理

（一）消耗性生物资产应按照取得时的实际成本计价。

1.购入的消耗性生物资产，按照应计入消耗性生物资产成本的金额，借记本科目，贷记“库存现金”“银行存款”“应付款”等科目。

【例2-27】2024年3月10日，某集体经济组织用现金购入价值8 000

元桂花树苗栽培，将来成材后对外出售，根据采购入库单、付款单等原始凭证，账务处理如下：

借：消耗性生物资产——桂花树　　8 000

　贷：库存现金　　8 000

2. 自行栽培的大田作物和蔬菜等，按照收获前发生的必要支出，借记本科目，贷记“库存现金”“银行存款”“库存物资”“应付工资”“应付劳务费”等科目。

自行营造的林木类消耗性生物资产（如非经济林木），按照郁闭前发生的必要支出，借记本科目，贷记“库存现金”“银行存款”“库存物资”“应付工资”“应付劳务费”等科目。

自行繁殖的育肥畜、水产养殖的鱼虾贝类等，按照出售或入库前发生的必要支出，借记本科目，贷记“库存现金”“银行存款”“库存物资”“应付工资”“应付劳务费”等科目。

【例2-28】接上例，2024年3月12日，该集体经济组织在植树节组织村民对购入的8 000棵桂花树进行栽培，应发放临时植树人员劳务费2 000元，现未支付，根据劳务费明细表等原始凭证，账务处理如下：

借：消耗性生物资产——桂花树　　2 000

　贷：应付劳务费　　2 000

3. 收到政府补助的消耗性生物资产（包括以前年度收到或形成但尚未入账的）或者他人捐赠的消耗性生物资产，按照有关凭据注明的金额加上相关税费、运输费等，借记本科目，贷记“公积公益金”等科目。没有相关凭据的，按照资产评估价值或者比照同类或类似消耗性生物资产的市场价格，加上相关税费、运输费等，借记本科目，贷记“公积公益金”等科目。如无法采用上述方法计价的，应当按照名义金额，借记本科目，贷记“公积公益金”科目，并设置备查簿进行登记和后续管理；按照实际发生的运输费和应支付的相关税费等，借记“其他支出”科目，贷记“库存现金”“银行存款”“应付款”“应交税费”等科目。

【例2-29】2024年1月1日，某农村集体经济组织收到为民农资公司捐赠的育肥幼龄猪10头，根据对方提供的票据显示价款为5 000元，并用现金支付运输费800元，根据相关原始凭证，账务处理如下：

借:消耗性生物资产——育肥猪　5 800
　贷:公积公益金　5 000
　　库存现金　800

【例2-30】2024年1月1日,某农村集体经济组织收到县林业局补助的法国进口树苗一批,并用现金支付运输费1 000元,县林业局未提供相关票据,未经过资产评估,市场上也没有同类或类似树苗的市场价格可供参考,账务处理如下:

借:消耗性生物资产——法国进口树苗　1
　贷:公积公益金　1
借:其他支出——运输费　1 000
　贷:库存现金　1 000

4.产畜或役畜淘汰转为育肥畜的,按照转群时的账面价值,借记本科目,按照已计提的累计折旧,借记"生产性生物资产累计折旧"科目,按照其账面余额,贷记"生产性生物资产"科目。

【例2-31】2024年1月1日,某农村集体经济组织将10头产奶的成龄奶牛转为育肥奶牛,该10头奶牛的账面成本为80 000元,已提折旧60 000元,账务处理如下:

借:消耗性生物资产——育肥奶牛　20 000
　生产性生物资产累计折旧　60 000
　贷:生产性生物资产——成龄奶牛　80 000

幼畜成龄转为产畜或役畜、育肥畜转为产畜或役畜的,按照其账面余额,借记"生产性生物资产"科目,贷记本科目。

【例2-32】2024年1月1日,某农村集体经济组织将自行繁殖的成本为50 000元的100头幼龄奶牛(现已成龄),转为正常产奶牛,账务处理如下:

借:生产性生物资产——成龄奶牛　50 000
　贷:消耗性生物资产——幼龄奶牛　50 000

5.盘盈的消耗性生物资产,按照同类或类似消耗性生物资产的市场价格或评估价值,借记本科目,贷记"待处理财产损溢——待处理流动资产损溢"科目。

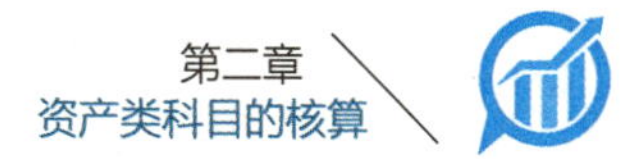

【例2-33】2024年1月1日，某农村集体经济组织盘点时发现多出100千克的大龙虾，同类或类似大龙虾的市场价格为26元/千克，账务处理如下：

借：消耗性生物资产——大龙虾　　2 600（26×100）

　贷：待处理财产损溢——待处理流动资产损溢　　2 600

（二）择伐、间伐或抚育更新性质采伐而补植林木类消耗性生物资产发生的后续支出，借记本科目，贷记“库存现金”“银行存款”“库存物资”“应付工资”“应付劳务费”等科目。

【例2-34】2024年1月1日，某农村集体经济组织聘请本村村民对果园中培植的苹果树苗进行择伐而补植苹果树，以银行转账方式支付苹果树幼苗款2 600元，以现金支付择伐而补植劳务费1 000元，账务处理如下：

借：消耗性生物资产——苹果树培育　　3 600

　贷：银行存款　　2 600

　　库存现金　　1 000

林木类消耗性生物资产达到郁闭后发生的管护费用等后续支出，借记“其他支出”科目，贷记“库存现金”“银行存款”“库存物资”“应付工资”“应付劳务费”等科目。

【例2-35】2024年1月1日，某农村集体经济组织聘请本村村民对达到郁闭后的苹果树喷洒农药，以现金方式支付劳务费600元，账务处理如下：

借：其他支出　　600

　贷：库存现金　　600

（三）生产经营过程中发生的应归属于消耗性生物资产的费用，按照应分配的金额，借记本科目，贷记“生产（劳务）成本”科目。

【例2-36】某农村集体经济组织在自营的梨园中种植土豆，2024年1月1日，该村集体聘请本村村民对梨树进行施肥，共领用化肥100袋，该100袋化肥成本为8 000元，根据梨树和土豆的种植面积进行分配，梨树应分配5 000元，土豆应分配3 000元，根据领料出库单等原始凭证，账务处理如下：

借：生产（劳务）成本——梨树　　5 000

生产(劳务)成本——土豆　　3 000
　贷:库存物资——化肥　　8 000
借:生产性生物资产——梨树　　5 000
　消耗性生物资产——土豆　　3 000
　贷:生产(劳务)成本——梨树　　5 000
　　生产(劳务)成本——土豆　　3 000

(四)消耗性生物资产收获时,按照其账面余额,借记"库存物资"科目,贷记本科目。

【例2-37】2024年3月1日,某农村集体经济组织收获自行种植的黄瓜2 000千克,在种植期间共发生种子、化肥、农药及管护费用共计1 800元,账务处理如下:

借:库存物资——黄瓜　　1 800
　贷:消耗性生物资产　　1 800

(五)出售消耗性生物资产时,按照实现的销售收入,借记"库存现金""银行存款""应收款"等科目,贷记"经营收入"等科目。按照其账面余额,借记"经营支出"等科目,贷记本科目。

【例2-38】接上例,2024年3月6日,该村集体经济组织将2 000千克的黄瓜向外出售,收取现金3 600元,账务处理如下:

借:库存现金　　3 600
　贷:经营收入　　3 600

同时

借:经营支出　　1 800
　贷:库存物资——黄瓜　　1 800

(六)以幼畜及育肥畜、消耗性林木资产等消耗性生物资产对外投资时,按照评估确认或者合同、协议约定的价值和相关税费,借记"长期投资"等科目;按照消耗性生物资产的账面余额,贷记本科目;按照应支付的相关税费,贷记"应交税费"等科目;按照其差额,借记或贷记"公积公益金"科目。

【例2-39】2024年1月1日,某村集体经济组织将自行饲养的100头育肥畜向甲养猪场投资入股,并准备长期持有,该100头育肥畜的账面余额为30 000元，根据目前市场行情，双方约定的价值为36 000元，账务处理如下：

借：长期投资　　36 000
　　贷：消耗性生物资产　　30 000
　　　　公积公益金　　6 000

（七）消耗性生物资产死亡、毁损、盘亏时，按照其账面余额，借记“待处理财产损溢——待处理流动资产损溢”科目，贷记本科目。按规定程序批准后处理时，按照赔偿金额，借记“应收款”“内部往来”等科目，按照残料价值，借记“库存物资”等科目，按照“待处理财产损溢——待处理流动资产损溢”科目相应余额，贷记“待处理财产损溢——待处理流动资产损溢”科目，按照其差额，借记“其他支出”科目。

【例2-40】2024年1月1日，某村集体经济组织自行饲养的育肥畜因病死亡2头，该2头育肥畜的账面余额为2 000元；经查，系聘请的本村饲养员张三看护不周所致，经集体研究决定，由张三赔偿500元，现赔偿款尚未收到，账务处理如下：

借：待处理财产损溢——待处理流动资产损溢　　2 000
　　贷：消耗性生物资产　　2 000
借：内部往来——张三　　500
　　其他支出　　1 500
　　贷：待处理财产损溢——待处理流动资产损溢　　2 000

第九节　生产性生物资产的核算

一、生产性生物资产的核算内容

生产性生物资产包括经济林、薪炭林、产役畜等为产出农产品、提供劳务或出租等目的而持有的生物资产。

为了反映和监督生产性生物资产的增减变动情况，农村集体经济组织应设置“生产性生物资产”科目，用于核算农村集体经济组织持有的生产性生物资产的原价(成本)。该科目的借方登记生产性生物资产的增加额;贷方登记生产性生物资产的减少额;期末借方余额,反映农村集体经济组织持有的生产性生物资产的原价(成本)。

本科目应按照生产性生物资产的种类、群别、所属部门等设置明细科目,进行明细核算。

二 生产性生物资产的会计处理

(一)生产性生物资产应按照取得时的实际成本计价。

1.购入的生产性生物资产,按照应计入生产性生物资产成本的金额,借记本科目,贷记"库存现金""银行存款""应付款"等科目。

【例2-41】2024年1月10日,某农村集体经济组织从肥西某林场以每棵50元的价格购入苹果树苗1 000棵,种植在果园,用于将来收获苹果对外销售,款项以银行存款支付,根据物资验收入库单、银行汇款单等原始凭证,账务处理如下:

借:生产性生物资产	50 000(1 000×50)	
贷:银行存款		50 000

2.自行营造的林木类生产性生物资产、自行繁殖的产畜和役畜等,按照达到预定生产经营目的前发生的必要支出,借记本科目,贷记"库存现金""银行存款""库存物资""应付工资""应付劳务费"等科目。

【例2-42】接上例,2024年1月15日,该农村集体经济组织聘请本村村民对种植在果园中的苹果树进行施肥,以现金方式支付劳务费2 600元,领用化肥1 600元,根据物资出库单、费用报销单等原始凭证,账务处理如下:

借:生产性生物资产	4 200	
贷:库存物资		1 600
库存现金		2 600

【例2-43】2024年6月30日,某农村集体经济组织通过银行转账方式向饲料厂为待产的母猪购买价值6 000元的饲料,根据物资验收入库单、费用报销单等原始凭证,账务处理如下:

借:库存物资	6 000	

贷：银行存款　　6 000

借：生产性生物资产　　6 000

贷：库存物资　　6 000

3. 收到政府补助的生产性生物资产（包括以前年度收到或形成但尚未入账的）或者他人捐赠的生产性生物资产，按照有关凭据注明的金额加上相关税费、运输费等，借记本科目，贷记“公积公益金”等科目。没有相关凭据的，按照资产评估价值或者比照同类或类似生产性生物资产的市场价格，加上相关税费、运输费等，借记本科目，贷记“公积公益金”等科目。如无法采用上述方法计价的，应当按照名义金额，借记本科目，贷记“公积公益金”科目，并设置备查簿进行登记和后续管理；按照实际发生的运输费和应支付的相关税费等，借记“其他支出”科目，贷记“库存现金”“银行存款”“应付款”“应交税费”等科目。

【例2-44】2024年6月30日，某农村集体经济组织收到大华林场捐赠的黄桃树苗150株，现已栽培到果园，所附票据上标明每株12元，另以现金方式支付运输费800元。根据捐赠协议、费用报销单等原始凭证，账务处理如下：

借：生产性生物资产　　2 600（150×12+800）

贷：公积公益金　　1 800

库存现金　　800

【例2-45】2024年6月30日，某农村集体经济组织收到利民生物养殖场捐赠的美国进口种牛1头，对方未提供相关凭据，市场上同类或类似种牛的价格为6 000元，另外以现金方式支付运输费1 000元，根据捐赠协议、费用报销单等原始凭证，账务处理如下：

借：生产性生物资产　　7 000（6 000+1 000）

贷：公积公益金　　6 000

库存现金　　1 000

【例2-46】2024年6月30日，某农村集体经济组织收到大民养殖场捐赠的新西兰进口成龄奶牛12只，未提供相关凭证，未经过资产评估，市场上也未有同类或类似的奶牛价格供参考，另以现金方式支付饲养员培训费2 000元，根据捐赠协议、费用报销单等原始凭证，账务处理如下：

借：生产性生物资产　　1
　　贷：公积公益金　　1
借：其他支出　　2 000
　　贷：库存现金　　2 000

4. 幼畜成龄转为产畜或役畜、育肥畜转为产畜或役畜的，按照其账面余额，借记本科目，贷记"消耗性生物资产"科目。

【例2-47】2024年6月30日，某农村集体经济组织将原计划用于对外出售的价值6 000元的育肥畜转为产畜，根据牲畜转群单等原始凭证，账务处理如下：

借：生产性生物资产　　6 000
　　贷：消耗性生物资产　　6 000

产畜或役畜淘汰转为育肥畜的，按照转群时的账面价值，借记"消耗性生物资产"科目，按照已计提的累计折旧，借记"生产性生物资产累计折旧"科目，按照其账面余额，贷记本科目。

【例2-48】2024年6月30日，某农村集体经济组织将价值6 000元、已计提折旧4 000元的产畜现转为育肥畜，根据牲畜转群单等原始凭证，账务处理如下：

借：消耗性生物资产　　2 000
　　生产性生物资产累计折旧　　4 000
　　贷：生产性生物资产　　6 000

5. 盘盈的生产性生物资产，按照同类或类似生产性生物资产的市场价格或评估价值扣除按照该项生产性生物资产状况估计的折旧后的余额，借记本科目，贷记"待处理财产损溢——待处理非流动资产损溢"科目。

【例2-49】2024年1月1日，某农村集体经济组织资产清查盘点时发现果园中多出5棵苹果树，按照同类或类似苹果树的市场价格估计金额为4 800元，根据该苹果树的现状估计折旧金额为1 200元。经查，系会计差错造成的，按规定程序批准后，根据盘点单及批准文件等原始凭证，账务处理如下：

借：生产性生物资产　　3 600（4 800−1 200）

贷:待处理财产损溢——待处理非流动资产损溢　　3 600

借:待处理财产损溢——待处理非流动资产损溢　　3 600

贷:其他收入　　3 600

（二）择伐、间伐或抚育更新等生产性采伐而补植林木类生产性生物资产发生的后续支出，借记本科目，贷记“库存现金”“银行存款”“库存物资”“应付工资”“应付劳务费”等科目。

【例2-50】2024年6月30日，某农村集体经济组织雇佣本村村民对果园中种植的苹果树进行间伐而补植苹果树，共发生劳务费800元，以现金支付，根据费用报销单等原始凭证，账务处理如下：

借:生产性生物资产　　800

贷:库存现金　　800

生产性生物资产达到预定生产经营目的后发生的管护、饲养费用等后续支出，借记“经营支出”科目，贷记“库存现金”“银行存款”“库存物资”“应付工资”“应付劳务费”等科目。

【例2-51】2024年1月30日，某农村集体经济组织雇佣本村村民对产奶的奶牛进行饲养，本月共领用饲料2 600元，另以现金支付饲养员工资2 000元，根据领料单、费用报销单等原始凭证，账务处理如下：

借:经营支出　　4 600

贷:库存现金　　2 000

库存物资　　2 600

（三）出售生产性生物资产时，按照取得的价款，借记“库存现金”“银行存款”等科目，按照已计提的累计折旧，借记“生产性生物资产累计折旧”科目，按照生产性生物资产原价（成本），贷记本科目，按照其差额，借记“其他支出”科目或贷记“其他收入”科目。

【例2-52】2024年1月30日，某农村集体经济组织将栽培的2亩经济林采伐出售给某家具厂，取得价款26 000元，现已转入银行，该经济林的账面成本为34 000元，已提折旧12 000元，根据销售单、发票及银行进账单等原始凭证，账务处理如下：

借:库存现金　　26 000

生产性生物资产累计折旧　　12 000

贷:生产性生物资产　　34 000
　　其他收入　　4 000

(四)以生产性生物资产对外投资时,按照评估确认或者合同、协议约定的价值和相关税费,借记"长期投资"科目;按照已计提的累计折旧,借记"生产性生物资产累计折旧"科目;按照生产性生物资产原价(成本),贷记本科目;按照应支付的相关税费,贷记"应交税费"等科目;按照其差额,借记或贷记"公积公益金"科目。

【例2-53】2024年1月30日,某农村集体经济组织用100亩果园向某旅游公司投资入股,用于开展乡村休闲旅游,根据投资合同约定,该100亩果园作价300 000元。账面记载该100亩果园成本为180 000元,已提折旧20 000元,账务处理如下:

借:长期投资　　300 000
　　生产性生物资产累计折旧　　20 000
　　贷:生产性生物资产　　180 000
　　　　公积公益金　　140 000

(五)生产性生物资产死亡、毁损、盘亏时,按照生产性生物资产账面价值,借记"待处理财产损溢——待处理非流动资产损溢"科目,按照已计提的累计折旧,借记"生产性生物资产累计折旧"科目,按照生产性生物资产原价(成本),贷记本科目。按规定程序批准后处理时,按照赔偿金额,借记"应收款""内部往来"等科目,按照残料价值,借记"库存物资"等科目,按照"待处理财产损溢——待处理非流动资产损溢"科目相应余额,贷记"待处理财产损溢——待处理非流动资产损溢"科目,按照其差额,借记"其他支出"科目。

【例2-54】2024年6月30日,某农村集体经济组织养殖的价值6 000元、已计提折旧5 000元的产畜突然死亡,经查系由饲养人员张三工作失误造成的,经集体研究决定,由饲养人员赔偿1 000元,款已收到,根据资产报损单、批准文件及收款单等原始凭证,账务处理如下:

借:待处理财产损溢——待处理非流动资产损溢　　1 000
　　生产性生物资产累计折旧　　5 000
　　贷:生产性生物资产　　6 000

借：库存现金　　　　　　　　　　　　　　　　1 000

　贷：待处理财产损溢——待处理非流动资产损溢　　　1 000

第十节　生产性生物资产累计折旧的核算

一、生产性生物资产累计折旧的核算内容

（一）农村集体经济组织应当对所有达到预定生产经营目的的生产性生物资产计提折旧，但以名义金额计价的生产性生物资产除外。

（二）对于达到预定生产经营目的的生产性生物资产，农村集体经济组织应当对生产性生物资产原价（成本）扣除其预计净残值后的金额在生产性生物资产使用寿命内按照年限平均法或工作量法等计提折旧，并根据其受益对象计入相关资产成本或者当期损益。

（三）农村集体经济组织应当根据生产性生物资产的性质、使用情况和与该生物资产有关的经济利益的预期实现方式，合理确定生产性生物资产的使用寿命、预计净残值和折旧方法。生产性生物资产的使用寿命、预计净残值和折旧方法一经确定，不得随意变更。

（四）农村集体经济组织应当按月计提生产性生物资产折旧，当月增加的生产性生物资产，当月不计提折旧，从下月起计提折旧；当月减少的生产性生物资产，当月仍计提折旧，从下月起不再计提折旧。生产性生物资产提足折旧后，不论能否继续使用，均不再计提折旧；提前处置的生产性生物资产，也不再补提折旧。

为了反映和监督生产性生物资产累计折旧增减变动情况，农村集体经济组织应设置“生产性生物资产累计折旧”科目，用于核算农村集体经济组织持有的达到预定生产经营目的的生产性生物资产的累计折旧。该科目借方登记生产性生物资产的累计折旧的减少额；贷方登记生产性生物资产的累计折旧的增加额；期末贷方余额，反映农村集体经济组织达到预定生产经营目的的生产性生物资产的累计折旧额。

本科目应按照生产性生物资产的种类、群别、所属部门等设置明细

科目，进行明细核算。

二 生产性生物资产累计折旧的会计处理

（一）达到预定生产经营目的的生产性生物资产计提的折旧，借记“生产（劳务）成本”“经营支出”等科目，贷记本科目。

【例2-55】2024年5月1日，某农村集体经济组织对可以产奶的奶牛计提折旧2 000元，根据生产性生物资产折旧表，账务处理如下：

借：经营支出　　2 000
　　贷：生产性生物资产累计折旧　　2 000

（二）因出售、对外投资、死亡、毁损等原因处置生产性生物资产，还应同时结转生产性生物资产累计折旧。

【例2-56】2024年6月30日，某农村集体经济组织自行营造的经济林，因发生龙卷风，造成价值60 000元、已计提折旧40 000元的经济林毁损，经批准，给予处置，账务处理如下：

借：其他支出　　20 000
　　生产性生物资产累计折旧　　40 000
　　贷：生产性生物资产　　60 000

第十一节　公益性生物资产的核算

一 公益性生物资产的核算内容

公益性生物资产包括防风固沙林、水土保持林和水源涵养林等以防护、环境保护为主要目的的生物资产。

为了反映和监督公益性生物资产的增减变动情况，农村集体经济组织应设置“公益性生物资产”科目，用于核算农村集体经济组织持有的公益性生物资产的实际成本。该科目的借方登记公益性生物资产的增加额；贷方登记公益性生物资产的减少额；期末借方余额，反映农村集体经济组织持有的公益性生物资产的实际成本。

本科目应按照公益性生物资产的种类或项目等设置明细科目，进行明细核算。

二 公益性生物资产的会计处理

（一）公益性生物资产应按照取得时的实际成本计价。

1. 购入的公益性生物资产，按照应计入公益性生物资产成本的金额，借记本科目，贷记“库存现金”“银行存款”“应付款”等科目。

【例2-57】2024年1月1日，某农村集体经济组织通过银行转账方式购入价值8 000元的草坪，用于防风固沙，根据银行汇款单等原始凭证，账务处理如下：

借：公益性生物资产——防风固沙草坪　　8 000
　贷：银行存款　　8 000

2. 自行营造的林木类公益性生物资产，按照郁闭前发生的必要支出，借记本科目，贷记“库存现金”“银行存款”“库存物资”“应付工资”“应付劳务费”等科目。

【例2-58】2024年6月1日，某农村集体经济组织自行营造的水土保持林，在郁闭前通过银行转账方式支付抚育费6 000元，根据银行汇款单等原始凭证，账务处理如下：

借：公益性生物资产——水土保持林　　6 000
　贷：银行存款　　6 000

3. 收到政府补助的公益性生物资产（包括以前年度收到或形成但尚未入账的）或者他人捐赠的公益性生物资产，按照有关凭据注明的金额加上相关税费、运输费等，借记本科目，贷记“公积公益金”等科目。没有相关凭据的，按照资产评估价值或者比照同类或类似公益性生物资产的市场价格，加上相关税费、运输费等，借记本科目，贷记“公积公益金”等科目。如无法采用上述方法计价的，应当按照名义金额，借记本科目，贷记“公积公益金”科目，并设置备查簿进行登记和后续管理；按照实际发生的运输费和应支付的相关税费等，借记“其他支出”科目，贷记“库存现金”“银行存款”“应付款”“应交税费”等科目。

【例2-59】2024年6月1日，某农村集体经济组织收到县农业农村局补助用于防风固沙杨柳树100棵，对方没有提供相关凭证，资产评估价值为60 000元，另用现金支付运输费2 000元，根据物资验收单、费用报销单等原始凭证，账务处理如下：

借：公益性生物资产——水土保持林　　62 000

　贷：库存现金　　2 000

　　公积公益金　　60 000

4.消耗性生物资产、生产性生物资产转为公益性生物资产的，按照其账面余额或账面价值，借记本科目；按照已计提的生产性生物资产累计折旧，借记“生产性生物资产累计折旧”科目；按照其账面余额，贷记“消耗性生物资产”“生产性生物资产”等科目。

【例2-60】2024年6月1日，某农村集体经济组织将自行种植的、计划对外出售的200棵桂花树苗转为本村水土保持公益树苗进行栽培，该200棵桂花树苗账面余额为8 000元，账务处理如下：

借：公益性生物资产——水土保持林　　8 000

　贷：消耗性生物资产　　8 000

（二）择伐、间伐或抚育更新等生产性采伐而补植林木类公益性生物资产发生的后续支出，借记本科目，贷记“库存现金”“银行存款”“库存物资”“应付工资”“应付劳务费”等科目。

【例2-61】2024年6月3日，某农村集体经济组织聘请本村村民对本村公益性防风固沙林进行择伐而补植林木，用现金支付劳务费600元，根据费用报销单等原始凭证，账务处理如下：

借：公益性生物资产　　600

　贷：库存现金　　600

林木类公益性生物资产郁闭后发生的管护费用等其他后续支出，借记“其他支出”科目，贷记“库存现金”“银行存款”“库存物资”“应付工资”“应付劳务费”等科目。

【例2-62】2024年6月6日，某农村集体经济组织聘请本村村民对郁闭后的公益性防风固沙林进行施肥，共领用成本为2 000元的化肥，另用现金支付劳务费600元，根据物资出库单、费用报销单等原始凭证，账务处理如下：

借:其他支出　　2 600
　贷:库存现金　　600
　　库存物资　　2 000

(三)公益性生物资产死亡、毁损、盘亏时,按照其账面余额,借记“待处理财产损溢——待处理非流动资产损溢”科目,贷记本科目。按规定程序批准后处理时,按照赔偿金额,借记“应收款”“内部往来”等科目,按照残料价值,借记“库存物资”等科目,按照“待处理财产损溢——待处理非流动资产损溢”科目相应余额,贷记“待处理财产损溢——待处理非流动资产损溢”科目,按照其差额,借记“其他支出”科目。

【例2-63】2024年8月6日,某农村集体经济组织发现上次栽培的200棵桂花树苗有30棵已枯死,该树账面余额为1 200元;经查,系聘请的外村养护人员李四工作失误造成的,经集体研究决定,由李四赔偿200元,款项尚未收到。根据物资报损单、审批文件等原始凭证,账务处理如下:

借:待处理财产损溢——待处理非流动资产损溢　　1 200
　贷:公益性生物资产——水土保持林　　1 200
借:应收款——李四　　200
　其他支出　　1 000
　贷:待处理财产损溢——待处理非流动资产损溢　　1 200

第十二节　长期投资的核算

一　长期投资的核算内容

为了反映和监督长期投资的增减变动情况,农村集体经济组织应设置“长期投资”科目,用于核算农村集体经济组织持有时间准备超过1年(不含1年)的投资,包括股权投资、债权投资等投资。该科目借方登记长期投资的增加额;贷方登记长期投资的收回及冲减额;期末借方余额,反映农村集体经济组织持有的长期投资的成本。

本科目应按照投资种类设置明细科目,进行明细核算。

二、长期投资的会计处理

（一）以货币资金方式投资的，按照实际支付的价款和相关税费，借记本科目，贷记“银行存款”等科目，按照应支付的相关税费，贷记“应交税费”等科目。

【例2-64】2024年7月1日，某农村集体经济组织以银行转账方式购入5年期、年利率为5%、面值为100 000元到期一次还本付息的国库券，另支付有关税费2 000元，全部款项以银行存款付讫。根据债权证明、银行汇款单等原始凭证，账务处理如下：

借：长期投资——债权投资　　102 000

　贷：银行存款　　100 000

　　应交税费　　2 000

（二）以实物资产、无形资产等非货币性资产方式投资的，按照评估确认或者合同、协议约定的价值和相关税费，借记本科目，按照已计提的累计折旧或摊销，借记“生产性生物资产累计折旧”“累计折旧”“累计摊销”科目，按照投出资产的原价（成本），贷记“消耗性生物资产”“生产性生物资产”“固定资产”“无形资产”等科目，按照应支付的相关税费，贷记“应交税费”等科目，按照其差额，借记或贷记“公积公益金”科目。

【例2-65】2024年1月1日，甲农村集体经济组织经集体研究决定，以其拥有的10台收割机向A农业合作社投资，取得A农业合作社有表决权30%的股份。该10台收割机账面价值为120 000元，已提折旧30 000元，协议约定价值为150 000元，另需支付相关税费10 000元，根据投资协议、固定资产卡片等原始凭证，账务处理如下：

借：长期投资——股权投资　　160 000

　累计折旧　　30 000

　贷：固定资产——收割机　　120 000

　　应交税费　　10 000

　　公积公益金　　60 000

（三）被投资单位宣告分派现金股利、利润或利息时，应当按照应分得的金额，借记“应收款”科目，贷记“投资收益”科目。收到现金股利、利润或利息时，按照实际收到的金额，借记“银行存款”等科目，贷记“应收款”科目。

【例2-66】接上例，2024年6月30日，A农业合作社宣告分派现金股利30 000元，甲农村集体经济组织按照规定应分得的股利为9 000元，根据投资协议及宣告分派现金股利证明等原凭证，账务处理如下：

借：应收款——A农业合作社　　9 000（30 000×30%）

　贷：投资收益　　9 000

【例2-67】接上例，2024年7月31日，甲农村集体经济组织银行账户收到A农业合作社发放的现金股利5 000元，根据银行进账单等原始凭证，账务处理如下：

借：银行存款　　5 000

　贷：应收款——A农业合作社　　5 000

（四）到期收回或中途转让投资时，按照实际取得的价款，借记“银行存款”等科目，按照投资的账面余额，贷记本科目，按照尚未领取的现金股利、利润或利息，贷记“应收款”科目，按照其差额，贷记或借记“投资收益”科目。

【例2-68】接上例，2024年12月31日，甲农村集体经济组织将其持有的A农业合作社的30%股份转让给乙农村集体经济组织，取得价款170 000元，根据股权转让协议、银行进账单等原始凭证，账务处理如下：

借：银行存款　　170 000

　贷：长期投资——股权投资　　160 000

　　应收款——A农业合作社　　4 000（9 000−5 000）

　　投资收益　　6 000

（五）投资发生损失时，按规定程序批准后，按照赔偿金额，借记“应收款”“内部往来”等科目，按照扣除赔偿金额后的净损失，借记“投资收益”科目，按照发生损失的投资账面余额，贷记本科目。

【例2-69】2024年12月31日，某农村集体经济组织投资的B合作社当年发生亏损120 000元，按照持有的30%股份比例计算，2024年投资净损失36 000元，账务处理如下：

借：投资收益　　36 000

贷:长期投资——股权投资 36 000

第十三节　固定资产的核算

一　固定资产的核算内容

农村集体经济组织的固定资产包括使用年限在1年以上的房屋、建筑物、机器、设备、工具、器具、生产设施和农业农村基础设施等。

为了反映和监督固定资产的增减变动情况,农村集体经济组织应设置“固定资产”科目,用于核算农村集体经济组织固定资产的原价(成本)。该科目的借方登记固定资产的增加额;贷方登记固定资产的减少额;期末借方余额,反映农村集体经济组织持有的固定资产的原价(成本)。

农村集体经济组织应当设置“固定资产登记簿”和“固定资产卡片”,按照固定资产类别和项目等设置明细科目,进行明细核算。

二　固定资产的会计处理

(一)固定资产应按照取得时的实际成本计价。

1.购入不需要安装的固定资产,按照购买价款和采购费、应支付的相关税费、包装费、运输费、装卸费、保险费以及外购过程发生的其他直接费用,借记本科目,贷记“库存现金”“银行存款”“应付款”等科目。购入需要安装的固定资产,先记入“在建工程”科目,待安装完毕交付使用时,按照其实际成本,借记本科目,贷记“在建工程”科目。

【例2-70】2024年2月16日,某农村集体经济组织购入一台不需要安装的小麦联合收割机,该收割机价款为15 000元,另支付运输费、保险费等费用1 000元,支付相关税费1 980元,以上款项均通过银行转账支付,根据固定资产验收单、银行汇款单等原始凭证,账务处理如下:

借:固定资产——机器 17 980

　贷:银行存款 17 980

2. 自行建造完成交付使用的固定资产，按照建造该固定资产的实际成本即该项资产至交付使用前所发生的全部必要支出，借记本科目，贷记"在建工程"科目。已交付使用但尚未办理竣工决算手续的固定资产，应当按照估计价值入账，待办理竣工决算后再按照实际成本调整原来的暂估价值。

【例2-71】2024年3月16日，某农村集体经济组织自行建造的办公楼现已竣工，经验收合格，现已交付使用但尚未办理竣工决算，建造该办公大楼的实际成本为2 000 000元，根据该工程的实际支出金额，账务处理如下：

借：固定资产——房屋　　2 000 000
　贷：在建工程——建筑安装工程投资　　2 000 000

3. 收到政府补助的固定资产（包括以前年度收到或形成但尚未入账的）或者他人捐赠的固定资产，按照有关凭据注明的金额加上相关税费、运输费等，借记本科目，贷记"公积公益金"等科目。没有相关凭据的，按照资产评估价值或者比照同类或类似固定资产的市场价格，加上相关税费、运输费等，借记本科目，贷记"公积公益金"等科目。

如无法采用上述方法计价的，应当按照名义金额，借记本科目，贷记"公积公益金"科目，并设置备查簿进行登记和后续管理；按照实际发生的运输费和应支付的相关税费等，借记"其他支出"科目，贷记"库存现金""银行存款""应付款""应交税费"等科目。

【例2-72】2024年4月16日，某农村集体经济组织收到县农机公司捐赠的农业机械2台，县农机公司提供的凭据注明的金额为36 000元，另通过银行转账方式支付专业技术人员操作培训费2 000元，根据固定资产验收单、捐赠协议、银行汇款单等原始凭证，账务处理如下：

借：固定资产——机器　　38 000
　贷：公积公益金　　36 000
　　　银行存款　　2 000

【例2-73】2024年5月1日，某农村集体经济组织收到政府补助的联想电脑1台，对方未提供相关凭证，但京东商城上该品牌及型号的电脑价格为4 800元，另通过现金支付运输费200元，根据固定资产验收单、银行汇款单等原始凭证，账务处理如下：

借：固定资产——设备 5 000

贷：公积公益金 4 800

库存现金 200

【例2-74】2024年6月30日，某农村集体经济组织收红十字会捐赠的疫情检测设备1台，对方未提供相关凭证，未经过资产评估，市场上没有同类或类似固定资产的市场价格可供参考，另通过现金支付安装调试费200元，根据固定资产验收单、捐赠协议、费用报销单等原始凭证，账务处理如下：

借：固定资产——设备 1

贷：公积公益金 1

同时

借：其他支出 200

贷：库存现金 200

4.盘盈的固定资产，按照同类或类似全新固定资产的市场价格或评估价值扣除按照该项固定资产新旧程度估计的折旧后的余额，借记本科目，贷记“待处理财产损溢——待处理非流动资产损溢”科目。

【例2-75】2024年1月1日，某农村集体经济组织对固定资产进行盘点，盘盈打印机1台，该品牌、型号的打印机京东商城上价格为2 000元，经评估该打印机为7成新，根据资产盘点单等原始凭证，账务处理如下：

借：固定资产——设备 1 400

贷：待处理财产损溢——待处理非流动资产损溢 1 400

（二）生产经营用的固定资产的修理费用，借记“经营支出”等科目，贷记“库存现金”“银行存款”等科目；管理用的固定资产的修理费用，借记“管理费用”等科目，贷记“库存现金”“银行存款”等科目；用于公益性用途的固定资产的修理费用，借记“公益支出”等科目，贷记“库存现金”“银行存款”等科目。

【例2-76】2024年3月1日，某农村集体经济组织对生产经营用的小麦联合收割机进行修理，发生修理费500元，用现金支付，根据费用报销单等原始凭证，账务处理如下：

借:经营支出　　500
　　贷:库存现金　　500

【例2-77】2024年3月10日,某农村集体经济组织对办公室的墙面进行粉刷,用现金支付涂料费及人工费1 000元,根据费用报销单等原始凭证,账务处理如下:

借:管理费用　　1 000
　　贷:库存现金　　1 000

(三)对固定资产进行改建时,按照该项固定资产账面价值,借记"在建工程"科目,按照已计提的累计折旧,借记"累计折旧"科目,按照固定资产原价(成本),贷记本科目。改建完成交付使用时,按照确定的固定资产成本,借记本科目,贷记"在建工程"科目。

【例2-78】县农经站安全检查发现A农村集体经济组织的办公大楼存在重大安全隐患,该大楼原值2 000 000元,已计提折旧800 000元,剩余使用年限为30年。经相关部门批准,对该办公大楼进行加固,加固共花费500 000元,经评估可以延长该大楼使用年限10年,加固费用通过银行转账方式支付,根据加固审批文件、固定资产卡片及银行汇款单等原始凭证,账务处理如下:

(1)转改扩建固定资产时:

借:在建工程——建筑安装工程投资　　1 200 000
　　累计折旧　　800 000
　　贷:固定资产——房屋　　2 000 000

(2)支付工程款时:

借:在建工程——建筑安装工程投资　　500 000
　　贷:银行存款　　500 000

(3)验收合格,交付使用时:

借:固定资产——房屋　　1 700 000
　　贷:在建工程——建筑安装工程投资　　1 700 000

(四)固定资产出售、报废和毁损等时,按照固定资产账面价值,借记"固定资产清理"科目,按照已计提的累计折旧,借记"累计折旧"科目,按照固定资产原价(成本),贷记本科目。盘亏的固定资产,按照固定资产账面价值，借记“待处理财产损溢——待处理非流动资产损溢”科目，按照已计提的累计折旧，借记“累计折旧”科目，按照固定资产原价（成本），贷记本科目。

【例2-79】2024年6月30日，某农村集体经济组织报废3台计算机，该3台计算机账面原价为15 000元，已提折旧12 000元，经过有关部门批准同意报废，根据资产报损单、审批文件等原始凭证，账务处理如下：

借：固定资产清理	3 000	
累计折旧——设备	12 000	
贷：固定资产——设备		15 000

【例2-80】2024年12月31日，某农村集体经济组织对固定资产进行盘点，经核实，现盘亏一台农业机器，该机器的账面价值为8 000元，已提折旧5 000元，根据资产报损单等原始凭证，账务处理如下：

借：待处理财产损溢——待处理非流动资产损溢	3 000	
累计折旧——机器	5 000	
贷：固定资产——机器		8 000

（五）以固定资产对外投资时，按照评估确认或者合同、协议约定的价值和相关税费，借记“长期投资”科目，按照已计提的累计折旧，借记“累计折旧”科目，按照固定资产原价（成本），贷记本科目，按照应支付的相关税费，贷记“应交税费”等科目，按照其差额，借记或贷记“公积公益金”科目。

【例2-81】2024年6月30日，某农村集体经济组织以其拥有的一幢仓库向甲合作社投资，该仓库账面原价200 000元，已提折旧120 000元，经评估，双方确认价值为100 000元，根据投资协议、评价报告、固定资产卡片等原始凭证，账务处理如下：

借：长期投资	100 000	
累计折旧——仓库	120 000	
贷：固定资产——仓库		200 000
公积公益金		20 000

（六）捐赠转出固定资产时，按照固定资产账面价值、应支付的相关税费及其他费用，转入或归集至“固定资产清理”科目，捐赠项目完成后，

按照“固定资产清理”科目的余额，借记“其他支出”科目，贷记“固定资产清理”科目。

【例2-82】2024年6月30日，某农村集体经济组织向甲合作社捐赠一台小麦联合收割机，该机械账面原价80 000元，已提折旧20 000元，评估价值为50 000元，另以现金方式支付运输费2 000元，根据捐赠协议及其他相关原始凭证，账务处理如下：

科目	借方	贷方
借：固定资产清理	62 000	
累计折旧	20 000	
贷：固定资产		80 000
库存现金		2 000
借：其他支出	62 000	
贷：固定资产清理		62 000

第十四节　累计折旧的核算

一　固定资产计提折旧的相关要求

1.农村集体经济组织应当对所有的固定资产计提折旧，但以名义金额计价的固定资产除外。

2.农村集体经济组织应当在固定资产预计使用寿命内，对固定资产原价（成本）扣除预计净残值后的金额，按照年限平均法或工作量法等计提折旧，并根据该固定资产的受益对象计入相关资产成本或者当期损益。

3.农村集体经济组织应当根据固定资产的性质、使用情况和与该固定资产有关的经济利益的预期实现方式，合理确定固定资产的使用寿命、预计净残值和折旧方法。固定资产的使用寿命、预计净残值和折旧方法一经确定，不得随意变更。

4.农村集体经济组织应当按月计提固定资产折旧，当月增加的固定资产，当月不计提折旧，从下月起计提折旧；当月减少的固定资产，当月仍计提折旧,从下月起不再计提折旧。固定资产提足折旧后,不论能否继续使用,均不再计提折旧;提前报废的固定资产,也不再补提折旧。

二 累计折旧的核算内容

为了反映和监督累计折旧的增减变动情况,农村集体经济组织应设置“累计折旧”科目,用于核算农村集体经济组织固定资产计提的累计折旧。该科目借方登记累计折旧的减少额;贷方登记累计折旧的增加额;期末贷方余额,反映农村集体经济组织固定资产的累计折旧额。

本科目应按照相应固定资产的类别和项目等设置明细科目,进行明细核算。

三 累计折旧的会计处理

(一)生产经营用的固定资产计提的折旧,借记“生产(劳务)成本”等科目,贷记本科目;管理用的固定资产计提的折旧,借记“管理费用”科目,贷记本科目;用于公益性用途的固定资产计提的折旧,借记“公益支出”科目,贷记本科目。

【例2-83】2024年1月31日,某农村集体经济组织对管理人员使用的办公电脑计提折旧2 000元,根据固定资产折旧表,账务处理如下:

借:管理费用　　2 000

　贷:累计折旧　　2 000

(二)出租固定资产所取得的租金等收入,借记“银行存款”等科目,贷记“经营收入——出租收入”等科目;结转出租固定资产的成本(折旧)时,借记“经营支出”等科目,贷记本科目。

【例2-84】2024年1月1日,某农村集体经济组织将一批农业机械对外出租,收到租金10 000元,根据银行进账单及相关原始凭证,账务处理如下:

借:银行存款　　10 000

　贷:经营收入——出租收入　　10 000

【例2-85】接上例,计提该台农业机械折旧费2 000元,账务处理如下:

借：经营支出　　2 000

　　贷：累计折旧　　2 000

（三）对固定资产进行改建时，按照该项固定资产账面价值，借记“在建工程”科目，按照已计提的累计折旧，借记本科目，按照固定资产原价（成本），贷记“固定资产”科目。

【例2-86】2024年1月1日，某农村集体经济组织对自用的办公楼进行扩建，该办公楼原价1 200 000元，已提折旧800 000元，根据改扩建审批文件、固定资产卡片等原始凭证，账务处理如下：

借：在建工程　　400 000

　　累计折旧　　800 000

　　贷：固定资产　　1 200 000

（四）固定资产出售、报废和毁损等时，按照固定资产账面价值，借记“固定资产清理”科目，按照已计提的累计折旧，借记本科目，按照固定资产原价（成本），贷记“固定资产”科目。

【例2-87】2024年1月1日，某农村集体经济组织拥有的一台玉米联合收割机现已毁损，该联合收割机原价为60 000元，已提折旧40 000元，根据资产报损单、固定资产卡片等原始凭证，账务处理如下：

借：固定资产清理　　20 000

　　累计折旧　　40 000

　　贷：固定资产　　60 000

（五）盘亏的固定资产，按照固定资产账面价值，借记“待处理财产损溢——待处理非流动资产损溢”科目，按照已计提的累计折旧，借记本科目，按照固定资产原价（成本），贷记“固定资产”科目。

【例2-88】2024年1月1日，某农村集体经济组织在资产清查盘点时，盘亏一台电脑，该电脑原价为6 000元，已提折旧4 000元，根据资产报损单、固定资产卡片等原始凭证，账务处理如下：

借：待处理财产损溢——待处理非流动资产损溢　　2 000

　　累计折旧　　4 000

　　贷：固定资产　　6 000

（六）以固定资产对外投资时，按照评估确认或者合同、协议约定的价值和相关税费，借记“长期投资”科目，按照已计提的累计折旧，借记本科目，按照固定资产原价（成本），贷记“固定资产”科目，按照应支付的相关税费，贷记“应交税费”等科目，按照其差额，借记或贷记“公积公益金”科目。

【例2-89】2024年1月1日，某农村集体经济组织将拥有的一台农业机械向外投资，该机械原价为60 000元，已提折旧40 000元，经评估，双方确认价值为10 000元，根据投资协议、固定资产评估报告、固定资产卡片等原始凭证，账务处理如下：

	借方	贷方
借：长期投资	10 000	
累计折旧	40 000	
公积公益金	10 000	
贷：固定资产		60 000

第十五节 在建工程的核算

一 在建工程的核算内容

为了反映和监督在建工程的增减变动情况，农村集体经济组织应设置“在建工程”科目，用于核算农村集体经济组织进行工程建设、设备安装、农业农村基础设施建造、固定资产改建等发生的实际支出。购入不需要安装的固定资产，不通过本科目核算。该科目的借方登记各项在建工程的实际支出额；贷方登记工程完工转出成本；期末借方余额，反映农村集体经济组织尚未交付使用的工程项目的实际支出。

本科目应按照工程项目等设置明细科目，进行明细核算。

二 在建工程的会计处理

（一）购入需要安装的固定资产，按照购买价款和采购费、应支付的相关税费、包装费、运输费、装卸费、保险费以及外购过程发生的其他直接费用，借记本科目，贷记“库存现金”“银行存款”“应付款”等科目。

【例2-90】2024年1月1日，某农村集体经济组织采购一台需要安装的农业机械，该机械购买价款为60 000元，相关税费7 800元、运输费2 000元，以上款项均通过银行存款支付，根据资产验收单、银行汇款单等原始凭证，账务处理如下：

借：在建工程——设备投资　　69 800

　　贷：银行存款　　69 800

（二）建造固定资产和兴建农业农村基础设施购买或领用专用物资以及发生的相关费用，按照实际支出，借记本科目，贷记“库存现金”“银行存款”“库存物资”等科目。

发包工程建设，根据合同规定向承包企业预付工程款时，按照实际预付的价款，借记本科目，贷记“银行存款”等科目；以拨付材料抵作工程款的，按照材料的实际成本，借记本科目，贷记“库存物资”等科目；将需要安装的设备交付承包企业进行安装时，按照该设备的成本，借记本科目，贷记“库存物资”等科目。与承包企业办理工程价款结算时，补付的工程款，借记本科目，贷记“银行存款”“应付款”等科目。

自营的工程，领用物资或产品时，按照领用物资或产品的实际成本，借记本科目，贷记“库存物资”等科目。工程应负担的员工工资、劳务费等人员费用，借记本科目，贷记“内部往来”“应付工资”“应付劳务费”等科目。

【例2-91】2024年1月1日，某农村集体经济组织经集体研究决定，新建水渠10千米用于本村集体农田灌溉，该工程造价为1 000 000元，现承包给兴农水利工程公司承建，根据合同规定向承包企业预付工程款300 000元，通过银行转账方式支付，根据工程承包合同、银行转账单及其他相关原始凭证，账务处理如下：

借：在建工程　　300 000

　　贷：银行存款　　300 000

【例2-92】接上例，2024年2月1日，该农村集体经济组织用自己库存的水泥、黄沙抵冲工程款，该水泥、黄沙的实际成本为100 000元，根据材料出库单及其他相关原始凭证，账务处理如下：

借：在建工程　　100 000

贷：库存物资　　100 000

【例2-93】接上例，2024年3月1日，该农村集体经济组织自行购买需要安装的大型发电抽水一体机2台，价款200 000元，并交付承包企业进行安装，根据银行汇款单等相关原始凭证，账务处理如下：

借：库存物资　　200 000

贷：银行存款　　200 000

同时：

借：在建工程　　200 000

贷：库存物资　　200 000

【例2-94】接上例，2024年3月31日，该工程现已竣工，经验收合格，根据合同规定，该农村集体经济组织需要补付工程款400 000元，根据工程竣工验收单、工程价款结算单及其他相关原凭证，账务处理如下：

（1）补付工程款时：

借：在建工程　　400 000

贷：银行存款　　400 000

（2）在建工程转固时：

借：固定资产　　1 000 000

贷：在建工程　　1 000 000

（三）对固定资产进行改建时，按照该项固定资产账面价值，借记本科目，按照已计提的累计折旧，借记“累计折旧”科目，按照固定资产原价（成本），贷记“固定资产”科目。发生的改建支出，借记本科目，贷记“库存现金”“银行存款”“应付款”“内部往来”“应付工资”“应付劳务费”等科目。改建完成交付使用时，按照确定的固定资产成本，借记“固定资产”科目，贷记本科目。

【例2-95】2024年1月1日，经相关部门批准，某农村集体经济组织对本村的一座桥梁进行加宽，该大桥原值1 000 000元，已计提折旧800 000元。通过工程招标，该工程由兴农水利工程公司中标，中标价为550 000元，相关工程款通过银行转账方式支付，根据招投标文件、中标通知书、合同、银行汇款单等原始凭证，账务处理如下：

（1）转改扩建固定资产时：

借:在建工程——建筑安装工程投资　　200 000
　累计折旧　　800 000
　贷:固定资产——桥梁　　1 000 000

(2)支付工程款时:

借:在建工程——建筑安装工程投资　　550 000
　贷:银行存款　　550 000

(四)购建和安装工程完成并交付使用时,借记“固定资产”科目,贷记本科目。

【例2-96】接上例,2024年4月30日,该工程现已竣工,经验收合格交付使用,竣工结算价款为750 000元,其中,可以形成固定资产的部分为700 000元,不能形成固定资产的50 000元为绿化费用,根据工程竣工验收单、工程价款结算单、资产交付单等相关原始凭证,账务处理如下:

借:固定资产　　700 000
　贷:在建工程　　700 000

(五)工程完成未形成固定资产时,借记“经营支出”“公益支出”“其他支出”等科目,贷记本科目。

【例2-97】接上例,2024年4月30日,工程完工,交付使用时对不能形成固定资产的绿化费用50 000元进行结转,账务处理如下:

借:公益支出　　50 000
　贷:在建工程　　50 000

第十六节　固定资产清理的核算

一　固定资产清理的核算内容

为了反映和监督固定资产清理的增减变动情况,农村集体经济组织应设置“固定资产清理”科目,用于核算农村集体经济组织因出售、捐赠、报废和毁损等原因转入清理的固定资产的账面价值及其在清理过程中所发生的费用等。该科目的借方登记转入的或支付的清理费用增加额;

贷方登记清理费用冲减额;期末借方余额,反映农村集体经济组织尚未清理完毕的固定资产清理净损失;期末贷方余额,反映农村集体经济组织尚未清理完毕的固定资产清理净收益。

本科目应按照被清理的固定资产等设置明细科目,进行明细核算。

二 固定资产清理的会计处理

(一)出售、捐赠、报废和毁损的固定资产转入清理时,按照固定资产账面价值,借记本科目;按照已计提的累计折旧,借记"累计折旧"科目;按照固定资产原价(成本),贷记"固定资产"科目。

清理过程中发生的相关税费及其他费用,借记本科目,贷记"库存现金""银行存款""应交税费"等科目;收回出售固定资产的价款、残料价值和变价收入等,借记"银行存款""库存物资"等科目,贷记本科目;按照赔偿金额,借记"应收款""内部往来"等科目,贷记本科目。

(二)清理完毕后发生的净收益,借记本科目,贷记"其他收入"科目;清理完毕后发生的净损失,借记"其他支出"科目,贷记本科目。

【例2-98】2024年3月1日,某农村集体经济组织对1台不能使用的农业机械对外出售,该机械原价为20 000元,已提折旧18 000元,发生清理费用1 000元,残值变价收入3 600元,以上款项均通过现金收付,根据相关原始凭证,账务处理如下:

(1)将该农业机械转入清理时:

借:固定资产清理　　2 000
　　累计折旧　　18 000
　　贷:固定资产　　20 000

(2)支付清理费用时:

借:固定资产清理　　1 000
　　贷:库存现金　　1 000

(3)收到残值变价收入时:

借:库存现金　　3 600
　　贷:固定资产清理　　3 600

(4)该农业机械清理完毕,结转净收益600元时:

借：固定资产清理　　600

　　贷：其他收入　　600

【例2-99】2024年3月16日，某农村集体经济组织因发生洪水，导致一幢桥梁毁损，该桥梁原价为300 000元，已提折旧180 000元，以现金支付清理费用10 000元，残值变价收入20 000元存银行，保险公司同意赔偿98 000元，现款项尚未收到，根据相关原始凭证，账务处理如下：

(1)将该房屋转入清理时：

借：固定资产清理　　120 000

　　累计折旧　　180 000

　　贷：固定资产　　300 000

(2)支付清理费用时：

借：固定资产清理　　10 000

　　贷：库存现金　　10 000

(3)收到残值变价收入时：

借：银行存款　　20 000

　　贷：固定资产清理　　20 000

(4)保险公司同意赔偿款时：

借：应收款——保险公司　　98 000

　　贷：固定资产清理　　98 000

(5)结转房屋清理净损失12 000元时：

借：其他支出　　12 000

　　贷：固定资产清理　　12 000

第十七节　无形资产的核算

一　无形资产的核算内容

农村集体经济组织的无形资产是指由其拥有或控制的、没有实物形态可辨认的非货币性资产，包括专利权、商标权、著作权、非专利技术、土地经营权、林权、草原权等。

为了反映和监督无形资产的增减变动情况，农村集体经济组织应设置“无形资产”科目，用于核算农村集体经济组织持有的无形资产的成本。该科目借方登记无形资产的增加额；贷方登记无形资产的减少额；期末借方余额，反映农村集体经济组织持有的无形资产的成本。

本科目应按照无形资产类别等设置明细科目，进行明细核算。

一 无形资产的会计处理

(一)无形资产应按照取得时的实际成本计价。

1.购入的无形资产，按照购买价款、相关税费以及相关的其他直接费用，借记本科目，贷记“库存现金”“银行存款”“应付款”等科目。

【例2-100】2024年2月16日，某农村集体经济组织购买财务软件一套，价值6 000元，通过银行存款支付，根据资产验收单、银行汇款单等原始凭证，账务处理如下：

借：无形资产——财务软件　　6 000
　贷：银行存款　　6 000

2.自行开发并按照法律程序申请取得的无形资产，按照依法取得时发生的注册费、代理费等实际支出，借记本科目，贷记“库存现金”“银行存款”等科目。

【例2-101】2024年1月16日，某农村集体经济组织自行研究开发的蔬菜病虫检测技术，通过国家相关机构测试通过，并颁发专利证书，申请专利时通过银行存款支付注册费、代理费、测试费共计8 000元，根据银行汇款单、专利证书及其他相关原始凭证，账务处理如下：

借：无形资产——专利权　　8 000
　贷：银行存款　　8 000

3.收到政府补助的无形资产(包括以前年度收到或形成但尚未入账的)或者他人捐赠的无形资产，按照有关凭据注明的金额加上相关税费等，借记本科目，贷记“公积公益金”等科目。没有相关凭据的，按照资产评估价值或者比照同类或类似无形资产的市场价格，加上相关税费等，借记本科目，贷记“公积公益金”等科目。如无法采用上述方法计价的，应当按照名义金额，借记本科目，贷记“公积公益金”科目，并设置备查簿进行登记和后续管理；按照应支付的相关税费等，借记“其他支出”科目，贷记“库存现金”“银行存款”“应付款”“应交税费”等科目。

【例2-102】2024年2月16日，某农村集体经济组织收到利民软件公司捐赠的办公软件一套，对方提供的票据标明价格为12 000元，另以现金支付安装、培训费1 000元，根据资产验收单、费用报销单等原始凭证，账务处理如下：

借：无形资产——办公软件　　13 000

　贷：公积公益金　　12 000

　　库存现金　　1 000

【例2-103】2024年2月18日，某农村集体经济组织收到本村村民农产品加工技术专利一项，对方未提供相关凭据，未经过资产评估，市场上也未有同类或类似价格可供参考，但以现金方式支付专业技术人员培训费2 000元，根据资产验收单、费用报销单等原始凭证，账务处理如下：

借：无形资产——专利权　　1

　贷：公积公益金　　1

同时

借：其他支出　　2 000

　贷：库存现金　　2 000

（二）因出售、报废等原因处置无形资产，按照取得的转让价款，借记“库存现金”“银行存款”等科目，按照已计提的累计摊销，借记“累计摊销”科目，按照无形资产的成本，贷记本科目，按照应支付的相关税费及其他费用，贷记“应交税费”“库存现金”“银行存款”等科目，按照其差额，借记“其他支出”科目或贷记“其他收入”科目。

【例2-104】2024年1月1日，某农村集体经济组织将其拥有的一项专利技术向外出售，取得价款20 000元，该专利账面价值36 000元，已计提摊销26 000元，另支付手续费1 000元，以上款项均通过银行存款收付，根据银行相关单据、专利证书及其他相关原始凭证，账务处理如下：

借：银行存款　　20 000

　累计摊销　　26 000

贷：无形资产——专利权　　36 000
　　银行存款　　1 000
　　其他收入　　9 000

（三）以无形资产对外投资时，按照评估确认或者合同、协议约定的价值和相关税费，借记“长期投资”科目，按照已计提的累计摊销，借记“累计摊销”科目，按照无形资产的成本，贷记本科目，按照应支付的相关税费，贷记“应交税费”等科目，按照其差额，借记或贷记“公积公益金”科目。

【例2-105】2024年1月1日，某农村集体经济组织将其拥有的蔬菜病虫检测技术专利向甲合作社投资，协议价为50 000元，准备长期持有，该专利权账面原值8 000元，已计提摊销2 000元，另支付相关税费3 000元，以上款项均通过银行存款收付，根据银行相关单据、专利证书、投资协议及其他相关原始凭证，账务处理如下：

借：长期投资　　53 000
　　累计摊销　　2 000
　　贷：银行存款　　3 000
　　　　无形资产——专利权　　8 000
　　　　公积公益金　　44 000

第十八节　累计摊销的核算

一　无形资产摊销的相关要求

农村集体经济组织的无形资产应当从使用之日起在其预计使用寿命内采用年限平均法等合理方法进行摊销，并根据无形资产的受益对象计入相关资产成本或者当期损益。名义金额计价的无形资产不应摊销。无形资产的摊销期自可供使用时开始至停止使用或出售时止，并应当符合有关法律法规规定或合同约定的使用年限。无形资产的使用寿命和摊销方法一经确定，不得随意变更。

农村集体经济组织应当按月对无形资产进行摊销，当月增加的无形资产，当月开始摊销；当月减少的无形资产，当月不再摊销。

不能可靠估计无形资产使用寿命的，摊销期不得低于10年。

二 累计摊销的核算内容

为了反映和监督无形资累计摊销的增减变动情况，农村集体经济组织应设置“累计摊销”科目，用于核算农村集体经济组织对无形资产计提的累计摊销。该科目借方登记累计摊销的减少额；贷方登记累计摊销的计提额；期末贷方余额，反映农村集体经济组织计提的无形资产累计摊销额。

本科目应按照相应无形资产的类别等设置明细科目，进行明细核算。

三 累计摊销的会计处理

（一）生产经营类无形资产计提的摊销，借记“生产（劳务）成本”等科目，贷记本科目；非生产经营类无形资产计提的摊销，借记“管理费用”等科目，贷记本科目。

【例2-106】2024年3月18日，某农村集体经济组织采用年限平均法对财务软件进行摊销，本月应摊销金额为1 200元，根据无形资产摊销表等原始凭证，账务处理如下：

借：管理费用　　1 200

　贷：累计摊销　　1 200

（二）出租无形资产所取得的租金等收入，借记“银行存款”等科目，贷记“经营收入——出租收入”等科目；结转出租无形资产的成本（摊销）时，借记“经营支出”等科目，贷记本科目。

【例2-107】2024年3月31日，某农村集体经济组织将其拥有的一项发明专利租赁给A合作社使用，2024年3月31日银行账户收到租金3 600元，该项发明专利当月应摊销金额600元，根据租赁协议、银行进账单、无形资产摊销表等原始凭证，账务处理如下：

借：银行存款　　3 600

贷：经营收入——出租收入　3 600

借：经营支出　600

贷：累计摊销　600

（三）因出售、报废等原因处置无形资产，按照取得的转让价款，借记“库存现金”“银行存款”等科目；按照已计提的累计摊销，借记本科目，按照无形资产的成本，贷记“无形资产”科目；按照应支付的相关税费及其他费用，贷记“应交税费”“库存现金”“银行存款”等科目；按照其差额，借记“其他支出”科目或贷记“其他收入”科目。

【例2-108】2024年1月1日，某农村集体经济组织将其拥有的一项农业专有技术转让给本村张明，转让费为20 000元，现尚未收到款项，该项农业专有技术账面原值为36 000元，已计提摊销28 000元，另以现金支付手续费800元，根据转让协议及其他相关原始凭证，账务处理如下：

借：内部往来——张明　20 000

累计摊销　28 000

贷：无形资产——专有技术　36 000

库存现金　800

其他收入　11 200

（四）以无形资产对外投资时，按照评估确认或者合同、协议约定的价值和相关税费，借记“长期投资”科目；按照已计提的累计摊销，借记本科目；按照无形资产的成本，贷记“无形资产”科目；按照应支付的相关税费，贷记“应交税费”等科目；按照其差额，借记或贷记“公积公益金”科目。

【例2-109】2024年1月1日，某农村集体经济组织将其拥有的一项农业专有技术对外投资，并准备长期持有，协议约定价值为30 000元，该项农业专有技术账面原值为36 000元，已计提摊销26 000元，另以现金支付手续费800元，根据投资协议及其他相关原始凭证，账务处理如下：

借：长期投资　30 000

累计摊销　26 000

贷：无形资产——专有技术　36 000

库存现金　800

公积公益金　　19 200

第十九节　长期待摊费用的核算

一、长期待摊费用的核算内容

为了反映和监督长期待摊费用的增减变动情况，农村集体经济组织应设置"长期待摊费用"科目，用于核算农村集体经济组织已经发生但应由本期和以后各期负担的分摊期限在1年以上的各项费用，包括农村集体经济组织已提足折旧的固定资产的改建支出和其他长期待摊费用等。该科目借方登记长期待摊费用的发生额；贷方登记长期待摊费用的摊销额；期末借方余额，反映农村集体经济组织尚未摊销完毕的长期待摊费用。

本科目应按照支出项目进行明细核算。

二、长期待摊费用的会计处理

农村集体经济组织发生长期待摊费用时，借记本科目，贷记"库存现金""银行存款""库存物资"等科目。摊销长期待摊费用时，借记"生产（劳务）成本""管理费用""其他支出"等科目，贷记本科目。

【例2–110】2024年1月1日，某农村集体经济组织对租入的农产品加工车间进行装修，租期为三年，以银行存款支付装修费300 000元，假设三年摊销完毕，根据租赁协议、费用报销单等原始凭证，账务处理如下：

（1）支付装修费用时：

借：长期待摊费用　　300 000

　贷：银行存款　　300 000

（2）每年摊销装修费用时：

借：生产（劳务）成本　　100 000（300 000÷3）

　贷：长期待摊费用　　100 000

第二十节　待处理财产损溢的核算

一　待处理财产损溢的核算内容

为了反映和监督待处理财产损溢的增减变动情况，农村集体经济组织应设置“待处理财产损溢”科目，用于核算农村集体经济组织在清查财产过程中查明的各种财产盘盈、盘亏和毁损的价值。该科目借方登记资产的盘亏、毁损、短缺及盘盈转销金额；贷方登记资产的盘盈金额及盘亏、毁损、短缺的转销金额；期末如为借方余额，反映尚未处理完毕的各种资产的净损失；期末如为贷方余额，反映尚未处理完毕的各种资产溢余。年末，农村集体经济组织的财产损溢，应当查明原因，在结账前处理完毕，处理后本科目应无余额。

本科目应按照待处理流动资产损溢和待处理非流动资产损溢进行明细核算。

二　待处理财产损溢的会计处理

（一）盘盈的各种库存物资、消耗性生物资产、现金等，按照同类或类似资产的市场价格或评估价值、实际溢余的金额，借记“库存物资”“消耗性生物资产”“库存现金”等科目，贷记本科目（待处理流动资产损溢）。盘亏、毁损、短缺的各种库存物资、消耗性生物资产、现金等，按照其账面余额、实际短缺的金额，借记本科目（待处理流动资产损溢），贷记“库存物资”“消耗性生物资产”“库存现金”等科目。

【例2-111】2024年1月1日，某农村集体经济组织在对库存物资进行盘存时，盘盈花生100千克，该花生的市场价格为20元/千克，原因待查，根据资产盘点单。财务处理如下：

借：库存物资——花生　　　　　　　　　2 000（100×20）

　　贷：待处理财产损溢——待处理流动资产损溢　　　　2 000

【例2-112】2024年1月1日，某农村集体经济组织在财产清查过程中发现有12袋化肥毁损，该化肥成本为960元，原因待查，根据资产盘点单，财务处理如下：

借：待处理财产损溢——待处理流动资产损溢　　　　960

　　贷：库存物资——化肥　　　　　　　　　　　　　　960

（二）盘盈的固定资产、生产性生物资产，按照同类或类似资产的市场价格或评估价值扣除按照该项资产新旧程度或状况估计的折旧后的余额，借记"固定资产""生产性生物资产"科目，贷记本科目（待处理非流动资产损溢）。盘亏的固定资产以及盘亏、死亡、毁损的生产性生物资产，按照其账面价值，借记本科目（待处理非流动资产损溢），按照已计提的累计折旧，借记"累计折旧""生产性生物资产累计折旧"科目，按照其原价（成本），贷记"固定资产""生产性生物资产"科目。

【例2-113】2024年1月1日，某农村集体经济组织在资产清查过程中盘亏1台笔记本电脑，该电脑的账面成本为8 000元，已提折旧3 000元，原因待查，根据盘点单等相关原始凭证。财务处理如下：

借：待处理财产损溢——待处理非流动资产损溢　　5 000

　　累计折旧　　　　　　　　　　　　　　　　　3 000

　　贷：固定资产——笔记本电脑　　　　　　　　　　8 000

（三）盘亏、毁损、报废的各项资产，按规定程序批准后处理时，按照残料价值，借记"库存物资"等科目；按照赔偿金额，借记"应收款""内部往来"等科目；按照本科目余额，贷记本科目（待处理流动资产损溢、待处理非流动资产损溢）；按照其差额，借记"其他支出"科目。

【例2-114】2024年1月10日，经查，某农村集体经济组织毁损的12袋化肥是自然风化造成的，属于正常损耗，按规定程序批准后予以处理，根据资产报损单等原始凭证，账务处理如下：

借：其他支出　　　　　　　　　　　　　　　　　960

　　贷：待处理财产损溢——待处理流动资产损溢　　　960

（四）盘盈的各项资产，按规定程序批准后处理时，按照本科目余额，借记本科目（待处理流动资产损溢、待处理非流动资产损溢），贷记"其他收入"科目。

【例2-115】2024年1月10日，经查，某农村集体经济组织盘盈的100

千克的花生，系会计差错造成的，按规定履行相关程序经批准后，根据盘点单及相关批准文件等原始凭证，账务处理如下：

借：待处理财产损溢——待处理流动资产损溢　　2 000

　　贷：其他收入　　2 000

第三章 负债类科目的核算

第一节 负债概述

一、农村集体经济组织负债的定义

农村集体经济组织的负债，是指农村集体经济组织过去的交易或者事项形成的、预期会导致经济利益流出农村集体经济组织的现时义务。

二、农村集体经济组织负债的分类

农村集体经济组织的负债按照流动性分为流动负债和非流动负债。农村集体经济组织的负债按照实际发生额计价。

流动负债是指偿还期在1年以内（含1年）或超过1年的一个营业周期内的债务，包括短期借款、应付款项、应付工资、应付劳务费、应交税费等。

非流动负债是指流动负债以外的负债，包括长期借款及应付款、一事一议资金、专项应付款等。

第二节 短期借款的核算

一、短期借款的核算内容

短期借款是指农村集体经济组织向银行等金融机构或相关单位、个人等借入的期限在1年以内（含1年）的借款。通常情况下，农村集体经济组织为了满足日常生产经营活动或管理的需要向银行等金融机构或相关单位、个人等借入的款项。与应付款和内部往来最主要的区别是，短期借款通常需要与对方签订借款协议，明确借款的本金、利率及偿还期限等条款。

为了反映和监督短期借款的增减变动情况，农村集体经济组织应设置"短期借款"科目，用于核算农村集体经济组织向银行等金融机构或相关单位、个人等借入的偿还期在1年以内（含1年）的各种借款。该科目的借方登记短期借款的偿还额；贷方登记短期借款的借入额；期末贷方余额，反映农村集体经济组织尚未偿还的短期借款的本金。

本科目应按照借款单位或个人设置明细科目，进行明细核算。

二 短期借款的会计处理

农村集体经济组织借入短期借款时，借记"银行存款"等科目，贷记本科目；偿还借款时，作相反的会计分录。短期借款利息应按期计提，借记"其他支出"科目，贷记"应付款"等科目。

【例3-1】2024年1月1日，某农村集体经济组织向农村信用合作社借入50 000元，期限12个月，年利率6%，到期一次性还本付息，根据借款协议、银行进账单等原始凭证，账务处理如下：

（1）开户银行收到借款本金时：

借：银行存款　　50 000

　　贷：短期借款　　50 000

（2）每月计提应付利息时：

每月应计提的利息金额为：50 000×6%÷12=250（元）

借：其他支出　　250

　　贷：应付款　　250

（3）12月31日通过银行转账方式一次性还本付息时：

年应付利息为：250×12=3 000（元）

借：短期借款　　50 000

　　应付款　　3 000

贷:银行存款 53 000

第三节 应付款的核算

一 应付款的核算内容

为了反映和监督应付款的增减变动情况,农村集体经济组织应当设置“应付款”科目,用于核算农村集体经济组织与非成员之间发生的偿还期在1年以内(含1年)的各种应付及暂收款项,如因购买库存物资和接受服务等应付的款项以及应付的赔款等。该科目借方登记应付款的减少额;贷方登记应付款的增加额;期末贷方余额,反映农村集体经济组织尚未支付的应付及暂收款项。

注意:农村集体经济组织与成员之间发生的各种应付及暂收款项不通过本科目核算,通过“内部往来”科目核算。

本科目应按照发生应付及暂收款项的非成员的单位或个人设置明细账,进行明细核算。

二 应付款的会计处理

(一)农村集体经济组织与非成员之间发生各种应付及暂收款项(含一次收取多期发包或出租款项)时,借记“库存现金”“银行存款”“库存物资”“经营支出”“其他支出”等科目,贷记本科目。

【例3-2】2024年1月1日,某农村集体经济组织从县农资公司购进价值20 000元的化肥一批,现货已验收入库,款项未付,根据对方开具的发票及验收入库单等原始凭证,账务处理如下:

借:库存物资——化肥 20 000

贷:应付款——县农资公司 20 000

(二)在应付利息日,按照合同利率计算确定的利息,借记“其他支出”科目,贷记本科目。

【例3-3】某农村集体经济组织在2024年3月31日付息日,按照借款合同利率计算确定本月应负担的借款利息300元，账务处理如下：

借：其他支出　　　　300

　贷：应付款　　　　300

（三）偿还应付及暂收款项时，按照实际支付的金额，借记本科目，贷记“银行存款”等科目。一次收取多期发包或出租款项的，在每期确认发包或出租收入时，借记本科目，贷记“经营收入”科目。

【例3-4】2024年3月31日，该农村集体经济组织通过银行转款方式偿还前欠县农资公司货款20 000元，根据银行汇款单及其他相关原始凭证，账务处理如下：

借：应付款——县农资公司　　　　20 000

　贷：银行存款　　　　20 000

【例3-5】2024年1月1日，某农村集体经济组织将集体所有的100亩土地承包给种粮大户张三种植西瓜，按照合同约定，张三需一次性支付三年的租金270 000元，账务处理如下：

（1）2024年1月1日，开户银行收到张三缴纳的3年的承包款时：

借：银行存款　　　　270 000

　贷：应付款　　　　270 000

（2）2024年12月31日，确认本年经营收入时：

每年应确认经营收入：270 000÷3=90 000（元）

借：应付款　　　　90 000

　贷：经营收入　　　　90 000

（四）因债权人特殊原因等确实无法偿还的应付及暂收款项或获得债权人的债务豁免时，按规定报经批准后，借记本科目，贷记“其他收入”科目。

【例3-6】2024年1月1日，某农村集体经济组织在清理往来款项时，发现有一笔应付款500元，现确实无法找到债权人，履行相关程序经批准后予以核销，账务处理如下：

借：应付款　　　　500

　贷：其他收入　　　　500

第四节 应付工资的核算

一 应付工资的核算内容

为了反映和监督应付工资的增减变动情况,农村集体经济组织应当设置“应付工资”科目,用于核算农村集体经济组织应支付给管理人员、固定员工等职工的工资总额。包括在工资总额内的各种工资、奖金、津贴、补助、社会保险费等,不论是否在当月支付,都应通过本科目核算。该科目借方登记应付工资的发放数额;贷方登记应付工资的应发数额;期末一般应无余额,如有贷方余额,反映农村集体经济组织已提取但尚未支付的工资额。

农村集体经济组织应当设置“应付工资明细账”,按照应付工资的对象、组成内容等进行明细核算。

农村集体经济组织应当按照劳动工资制度规定,编制“工资表”,计算各种工资,再将“工资表”进行汇总,编制“工资汇总表”。

二 应付工资的会计处理

(一)提取工资时,根据人员岗位进行工资分配,借记“在建工程”“生产(劳务)成本”“经营支出”“管理费用”等科目,贷记本科目。

【例3-7】2024年1月1日,某农村集体经济组织履行“四议二公开”程序后,确定农村集体经济组织管理人员每月工资总额为30 000元,生产人员每月工资总额为20 000元,确定每月15日发放工资。

2024年1月31日,计提本月应付管理人员及生产人员工资,根据工资表,账务处理如下:

借:管理费用——工资	30 000	
生产(劳务)成本	20 000	
贷:应付工资		50 000

(二)实际支付工资时,借记本科目,贷记“库存现金”“银行存款”等

科目。

【例3-8】接上例，2024年2月15日，通过打卡发放管理人员和生产工人工资，根据银行汇款单及工资表，账务处理如下：

借：应付工资　　50 000

　　贷：银行存款　　50 000

第五节　应付劳务费的核算

一　应付劳务费的核算内容

为了反映和监督应付劳务费的增减变动情况，农村集体经济组织应设置“应付劳务费”科目，用于核算农村集体经济组织应支付给季节性用工等临时性工作人员的劳务费总额。包括在劳务费总额内的各种劳务费、奖金、津贴、补助等，不论是否在当月支付，都应通过本科目核算。该科目借方登记应付劳务费的实际支付数额；贷方登记应付劳务费数额；期末一般应无余额，如有贷方余额，反映农村集体经济组织已提取但尚未支付的劳务费金额。

农村集体经济组织应当设置“应付劳务费明细账”，按照应付劳务费的对象、组成内容等进行明细核算。

二　应付劳务费的会计处理

（一）提取劳务费时，根据人员岗位进行劳务费分配，借记“在建工程”“生产（劳务）成本”“经营支出”等科目，贷记本科目。

【例3-9】2024年1月31日，某农村集体经济组织按照规定提取1月份应付村聘请的临时垃圾清运人员劳务费5 000元，根据应付劳务费明细账，账务处理如下：

借：经营支出　　5 000

　　贷：应付劳务费　　5 000

（二）实际支付劳务费时，借记本科目，贷记“库存现金”“银行存款”

等科目。

【例3-10】2024年2月15日，某农村集体经济组织出纳员提取现金5 000元，用于发放垃圾清运人员劳务费，根据现金支票及劳务费发放表，账务处理如下：

借：库存现金　　5 000
　贷：银行存款　　5 000
借：应付劳务费　　5 000
　贷：库存现金　　5 000

第六节　应交税费的核算

一　应交税费的核算内容

为了反映和监督应交税费的增减变动情况，农村集体经济组织应设置"应交税费"科目，用于核算农村集体经济组织按照税法等规定应缴纳的各种税费。农村集体经济组织代扣代缴的个人所得税等，也通过本科目核算。该科目借方登记实际缴纳税费金额；贷方登记应交纳的税费；期末贷方余额，反映农村集体经济组织尚未缴纳的税费；期末如为借方余额，反映农村集体经济组织多缴纳或尚未抵扣的税费。

本科目应按照应缴纳的税费项目等进行明细核算。

农村集体经济组织涉及增值税会计核算的相关业务，应按照国家统一的会计制度有关增值税会计处理的规定，设置"应交税费——应交增值税"等科目进行账务处理。

二　应交税费的会计处理

（一）农村集体经济组织按照规定计算其他应交税费，借记"税金及附加""所得税费用"等科目，贷记本科目。实际缴纳各种税费时，借记本科目，贷记"银行存款"等科目。

【例3-11】2024年1月16日，某农村集体经济组织将自己生产的服装

（非农产品）向外销售，取得价款103 000元，增值税率为3%，该批产品成本65 000元，根据销售合同、销售发票、销售出库单、银行进账单等原始凭证，账务处理如下：

（1）对外销售并收到款项时：

借：银行存款　　103 000

　贷：经营收入　　100 000

　　应交税费——应交增值税　　3 000

（2）结转成本时：

借：经营支出　　65 000

　贷：库存物资——服装　　65 000

（3）通过银行账户缴纳税费时：

借：应交税费——应交增值税　　3 000

　贷：银行存款　　3 000

【例3-12】2024年1月16日，某农村集体经济组织对外提供乡村旅游服务，取得门票收入10 300元，增值税率为3%，发生讲解员等劳务成本5 000元，账务处理如下：

（1）收到款项时：

借：银行存款　　10 300

　贷：经营收入　　10 000

　　应交税费——应交增值税　　300

（2）结转成本

借：经营支出　　5 000

　贷：应付工资　　5 000

（3）通过银行账户缴纳税费时：

借：应交税费——应交增值税　　300

　贷：银行存款　　300

【例3-13】2024年1月18日，某农村集体经济组织将其拥有的5间门面房向外出租，年租金为105 000元，按小规模纳税人适用的5%征收率增值税，依照房产租金收入的12%缴纳房产税，以上款项均通过银行存款办理，根据租赁合同、发票及缴税凭据等原始凭证，账务处理如下：

应交增值税：[105 000÷(1+5%)]×5%=5 000(元)

应交房产税：[105 000÷(1+5%)]×12%=12 000(元)

(1)收到款项时：

借：银行存款　　105 000

　税金及附加　　12 000

　贷：经营收入——租赁收入　　100 000

　　应交税费——应交增值税　　5 000

　　应交税费——应交房产税　　12 000

(2)通过银行账户缴纳税费时：

借：应交税费——应交增值税　　5 000

　应交税费——应交房产税　　12 000

　贷：银行存款　　17 000

(二)按照税法等规定应代扣代缴的个人所得税，借记"应付工资""应付劳务费"科目，贷记本科目(应交个人所得税)。缴纳的个人所得税，借记本科目(应交个人所得税)，贷记"银行存款"等科目。

【例3-14】2024年1月31日，某农村集体经济组织按照税法规定，从管理人员工资中代扣个人所得税500元，从临时人员劳务费中代扣个人所得税200元，并于2024年2月5日通过现金方式缴纳到税务局，根据代扣个人所得税计算表及缴纳凭证，账务处理如下：

(1)2024年1月31日代扣个人所得税时：

借：应付工资　　500

　应付劳务费　　200

　贷：应交税费——应交个人所得税　　700

(2)2024年2月5日缴纳个人所得税时：

借：应交税费——应交个人所得税　　700

　贷：库存现金　　700

第七节　长期借款及应付款的核算

一　长期借款及应付款的核算内容

为了反映和监督长期借款及应付款的增减变动情况，农村集体经济组织应设置"长期借款及应付款"科目，用于核算农村集体经济组织向银行等金融机构或相关单位、个人等借入的期限在1年以上（不含1年）的借款及偿还期在1年以上（不含1年）的应付款项。该科目借方登记实际偿还的长期借款及应付款金额；贷方登记应付长期借款及应付款金额；期末贷方余额，反映农村集体经济组织尚未偿还的长期借款及应付款。

本科目应按照借款及应付款单位或个人设置明细账，进行明细核算。

二　长期借款及应付款科目的会计处理

农村集体经济组织发生长期借款及应付款时，借记"银行存款"等科目，贷记本科目；偿还长期借款及应付款时，作相反的会计分录。长期借款利息应按期计提，借记"其他支出"科目，贷记"应付款"等科目。因债权人特殊原因等发生确实无法偿还的长期借款及应付款或获得债权人的债务豁免时，按规定报经批准后，借记本科目，贷记"其他收入"科目。

【例3-15】2024年7月1日，某农村集体经济组织向镇农村信用社借入期限为2年、年利率为6%、到期一次还本付息的借款100 000元。2024年7月1日银行账户收到借款后，该农村集体经济组织用该借款购买需要安装的秸秆粉碎机10台共计价款80 000元，另外支付运输费5 000元，2024年7月16日支付安装费和操作人员培训费共计15 000元，安装完成并于当日投入使用，以上均通过银行转账方式收付，账务处理如下：

（1）2024年7月1日，银行账户收到借款时：

借：银行存款　　100 000

　　贷：长期借款及应付款——镇农村信用社　　100 000

(2)支付秸秆粉碎机款及运输费时:

借:在建工程——秸秆粉碎机　　85 000

　　贷:银行存款　　85 000

(3)支付安装费及操作人员培训费用时:

借:在建工程——秸秆粉碎机　　15 000

　　贷:银行存款　　15 000

(4)安装完成投入使用时:

借:固定资产——秸秆粉碎机　　100 000

　　贷:在建工程——秸秆粉碎机　　100 000

(5)2024年12月31日计提当期应付利息时:

应付利息:100 000×6%÷12×6=3 000(元)

借:其他支出　　3 000

　　贷:应付款　　3 000

(6)2025年12月31日计提当期应付利息时:

应付利息:100 000×6%=6 000(元)

借:其他支出　　6 000

　　贷:应付款　　6 000

(7)2026年6月30日偿还借款时:

应付利息:100 000×6%÷12×6=3 000(元)

借:长期借款及应付款　　100 000

　　其他支出　　3 000

　　应付款　　9 000

　　贷:银行存款　　112 000

【例3-16】2024年1月1日,某农村集体经济组织采用分期付款方式从县农机公司购置一台大型农业机械设备,价款共240 000元,从2024年起每年末支付80 000元,分三年付清,根据采购合同、固定资产验收单、发票及其他相关原始凭证,账务处理如下:

(1)2024年1月1日购入固定资产时:

借:固定资产——大型农业机械设备　　240 000

　　贷:长期借款及应付款——县农机公司　　240 000

(2)2024年底、2025年底通过银行转账方式支付设备款时：

借：长期借款及应付款——县农机公司　　80 000

　贷：银行存款　　80 000

(3)2026年底县农机公司为扶持该农村集体经济组织发展，豁免了剩余的80 000元设备款时：

借：长期借款及应付款——县农机公司　　80 000

　贷：其他收入　　80 000

第八节　一事一议资金的核算

一　一事一议资金的核算内容

为了反映和监督一事一议资金的增减变动情况，农村集体经济组织应当设置“一事一议资金”科目，用于核算农村集体经济组织兴办村民直接受益的集体生产生活等公益事业，按一事一议的形式筹集的专项资金，该科目借方登记实际收到的一事一议资金金额；贷方登记应收的一事一议资金金额；期末贷方余额，反映农村集体经济组织应当用于一事一议专项工程建设的资金；期末借方余额，反映农村集体经济组织一事一议专项工程建设的超支数。

本科目应按照所议项目设置明细科目，进行明细核算。同时，必须另设备查账簿对一事一议资金的筹集和使用情况进行登记。

二　一事一议资金的会计处理

(一)农村集体经济组织应于一事一议筹资方案经成员大会或成员代表大会通过时，按照筹资方案规定的金额，借记“内部往来”科目，贷记本科目；收到成员交来的一事一议专项筹资时，借记“库存现金”“银行存款”等科目，贷记“内部往来”科目。

【例3-17】2024年2月16日，经某农村集体经济组织成员代表大会讨论通过，决定修建村级道路一条，村集体经济组织通过“一事一议”筹资方式筹集资金，不足部分申请财政奖补资金。工程总预算100 000元，村民每人筹资100元，本村共有成员600人。2024年2月20日村集体经济组织共收到成员缴来的60 000元，当日直接存入银行账户。2024年2月26日银行账户收到县财政奖补资金40 000元，根据成员代表大会决议及其他相关原始凭证，账务处理如下：

（1）筹资方案经成员代表大会批准时：

借：内部往来——各成员　　60 000

　　贷：一事一议资金——修路筹资　　60 000

（2）实际收到筹资款并存入银行账户时：

借：库存现金　　60 000

　　贷：内部往来——各成员　　60 000

借：银行存款　　60 000

　　贷：库存现金　　60 000

（3）收到县财政奖补资金40 000元时：

借：银行存款　　40 000

　　贷：一事一议资金——修路筹资　　40 000

（二）农村集体经济组织使用一事一议资金购入不需要安装的固定资产，借记“固定资产”科目，贷记“库存现金”“银行存款”等科目，同时，借记本科目，贷记“公积公益金”科目。

【例3-18】接上例，2024年3月1日，该农村集体经济组织使用一事一议资金购入一台不需要安装的小型压路机，价款为20 000元，根据对方开具的发票、验收单、合同及其他相关原始凭证，账务处理如下：

借：固定资产——压路机　　20 000

　　贷：银行存款　　20 000

借：一事一议资金——修路筹资　　20 000

　　贷：公积公益金　　20 000

（三）农村集体经济组织使用一事一议资金购入需要安装或建造的固定资产，借记“在建工程”科目，贷记“库存现金”“银行存款”等科目。固定资产完工后，借记“固定资产”科目，贷记“在建工程”科目，同时，借记本科目，贷记“公积公益金”科目。

【例3-19】接上例，该村集体经济组织用筹资款修路购买工程用水泥、黄沙共计20 000元，用财政拨付的一事一议奖补资金购买石子32 000元，支付修路人员劳务费30 000元，现道路建成并投入使用，账务处理如下：

（1）用一事一议筹资款购买水泥、黄沙、石子等工程材料时：

借：库存物资——水泥、黄沙　　20 000
　　库存物资——石子　　32 000
　　贷：银行存款　　52 000

（2）领用水泥、黄沙、石子时：

借：在建工程——道路工程　　52 000
　　贷：库存物资——水泥、黄沙　　20 000
　　　　库存物资——石子　　32 000

（3）支付修路人员劳务费时：

借：在建工程——道路工程　　28 000
　　贷：银行存款　　28 000

（4）道路建成，依据工程竣工决算报告、发票转入固定资产时：

借：固定资产——村级道路　　80 000
　　贷：在建工程——道路工程　　80 000

同时，将一事一议资金转为公积公益金时：

借：一事一议资金——修路筹资　　80 000
　　贷：公积公益金　　80 000

（四）农村集体经济组织对于使用一事一议资金而未形成固定资产的项目，在项目支出发生时，借记“在建工程”科目，贷记“库存现金”“银行存款”等科目；项目完成后按使用一事一议资金金额，借记“公益支出”“其他支出”等科目，贷记“在建工程”科目，同时，借记本科目，贷记“公积公益金”科目。

【例3-20】2024年2月1日，某农村集体经济组织采用一事一议筹劳方式对村民活动中心草坪进行平整、养护，共计投入劳务200个工，按照当地劳务价格100元/工计算，共计筹劳20 000元，2月15日草坪平整、养护完毕，根据一事一议筹劳方案等原始凭证，账务处理如下：

借:在建工程——村民活动中心草坪平整、养护　　20 000
　　贷:公积公益金　　20 000
借:公益支出　　20 000
　　贷:在建工程——村民活动中心草坪平整、养护　　20 000

第九节　专项应付款的核算

一　专项应付款的核算内容

为了反映和监督专项应付款的增减变动情况,农村集体经济组织应设置"专项应付款"科目,用于核算农村集体经济组织获得政府给予的具有专门用途且未来应支付用于专门用途的专项补助资金。该科目贷方登记实际收到的专项应付款金额,借方登记使用的专项应付款金额,期末余额一般在贷方,反映农村集体经济组织尚未使用和结转的政府补助资金数额。

本科目应按照政府补助资金项目设置明细科目,进行明细核算。

二　专项应付款的会计处理

(一)农村集体经济组织收到政府补助的资金时,借记"库存现金""银行存款"等科目,贷记本科目。

【例3-21】2024年1月1日,某农村集体经济组织银行账户收到县财政局拨付的用于本村村民危房改造款200 000元,用于农家书屋建设款100 000元,根据银行进账单及其他相关原始凭证,账务处理如下:

借:银行存款　　300 000
　　贷:专项应付款——村民危房改造　　200 000
　　　　专项应付款——农家书屋建设　　100 000

(二)按照政府补助资金的项目用途,取得生物资产、固定资产、无形资产等非货币性资产,或用于兴建农业农村基础设施时,按照实际使用政府补助资金的数额,借记"消耗性生物资产""生产性生物资产""固定资产”“无形资产”“在建工程”等科目，贷记“库存现金”“银行存款”等科目，同时借记本科目，贷记“公积公益金”科目。未形成资产需核销的部分，报经批准后，借记本科目，贷记“在建工程”等科目。

【例3-22】2024年1月16日，该村集体经济组织委托一家建筑公司建设农家书屋，其间共通过银行转账方式支付材料费56 000元、劳务费32 000元，2024年3月16日工程完工，经验收合格后交付使用，根据工程合同、验收单、付款单等相关原始凭证，账务处理如下：

（1）2024年1月16日工程建设时：

借：在建工程——农家书屋　　88 000

　贷：银行存款　　88 000

（2）2024年3月16日工程完工交付使用时：

借：固定资产——农家书屋　　88 000

　贷：在建工程——农家书屋　　88 000

同时：

借：专项应付款——农家书屋建设　　88 000

　贷：公积公益金　　88 000

【例3-23】2024年1月18日，该村集体经济组织对村民住房进行安全排查，对存在重大安全隐患的村民房屋报经镇政府批准后，委托当地一家建筑公司进行维修，2024年3月31日完工，共发生维修费200 000元，根据维修相关原始凭证，账务处理如下：

（1）2024年1月8日工程建设时：

借：在建工程——村民危房改造　　200 000

　贷：银行存款　　200 000

（2）2024年3月31日工程完工时：

借：专项应付款——村民危房改造　　200 000

　贷：在建工程——村民危房改造　　200 000

（三）取得生物资产、固定资产、无形资产等非货币性资产之后收到对应用途的政府补助资金的，按照收到的金额，借记“库存现金”“银行存款”等科目，贷记本科目，同时按照实际使用政府补助资金的数额，借记本科目，贷记“公积公益金”科目。

【例3-24】2024年1月1日，某农村集体经济组织自行投资100 000元建造的光伏发电站经上级有关部门验收通过，按照上级相关文件规定，给予光伏发电站补助资金100 000元，根据银行进账单等相关原始凭证，账务处理如下：

借：银行存款　　100 000

　　贷：专项应付款——光伏发电站补助资金　　100 000

借：专项应付款——光伏发电站补助资金　　100 000

　　贷：公积公益金　　100 000

（四）因有结余等情况而退回政府补助资金时，借记本科目，贷记"库存现金""银行存款"等科目。

【例3-29】2024年3月31日，该村集体经济组织将县财政局拨付的用于村农家书屋建设的结余资金12 000元退回，根据银行汇款单及其他相关原始凭证，账务处理如下：

借：专项应付款——农家书屋　　12 000

　　贷：银行存款　　12 000

第四章 收入类科目的核算

第一节 收入概述

农村集体经济组织的收入，是指农村集体经济组织在日常活动中形成的、会导致所有者权益增加的、与成员投入资本无关的经济利益总流入，包括经营收入、投资收益、补助收入、其他收入等。

（一）经营收入，是指农村集体经济组织进行各项生产销售、提供服务、让渡集体资产资源使用权等经营活动取得的收入，包括销售收入、劳务收入、出租收入、发包收入等。

1.销售收入，是指农村集体经济组织销售产品物资等取得的收入。

2.劳务收入，是指农村集体经济组织对外提供劳务或服务等取得的收入。

农村集体经济组织应当根据合同或协议约定，于产品物资已经发出、劳务已经提供，同时收讫价款或取得收款凭据时，确认销售收入、劳务收入。

3.出租收入，是指农村集体经济组织出租固定资产、无形资产等取得的租金收入。

4.发包收入，是指农村集体经济组织取得的，由成员、其他单位或个人因承包集体土地等集体资产资源上交的承包金或利润等。农村集体经济组织应当根据合同或协议约定，于收讫价款或取得收款凭据时，确认出租收入、发包收入。一次收取多期款项的，应当将收款金额分摊至各个收益期，分期确认出租收入、发包收入。

（二）投资收益，是指农村集体经济组织对外投资所取得的收益扣除发生的投资损失后的净额。投资所取得的收益包括对外投资取得的现金股利、利润或利息等，以及对外投资到期收回或中途转让取得款项高于账面余额、相关税费的差额等；投资损失包括对外投资到期收回或中途转让取得款项低于账面余额、相关税费的差额等。

（三）补助收入，是指农村集体经济组织获得的政府给予的保障村级组织和村务运转的补助资金以及贷款贴息等经营性补助资金。农村集体经济组织应当按实际收到的金额确认补助收入。政府给予农户的经营性补贴不确认为农村集体经济组织的补助收入。

（四）其他收入，是指农村集体经济组织取得的除经营收入、投资收益、补助收入以外的收入，包括盘盈收益、确实无法支付的应付款项、存款利息收入等。农村集体经济组织应当于收入实现时确认其他收入。

第二节　经营收入的核算

一　经营收入的核算内容

为了反映和监督经营收入的形成和结转情况，农村集体经济组织应设置“经营收入”科目，用于核算农村集体经济组织确认的当年发生的销售产品、提供劳务、让渡集体资产资源使用权等各项经营活动收入。该科目贷方登记农村集体经济组织实现的各项经营收入；借方登记发生现金折扣、销售折让、销售退回时冲减及期末结转的经营收入；期末结转后本科目应无余额。

本科目设置“销售收入”“劳务收入”“出租收入”和“发包收入”等二级科目，并按照经营项目设置明细科目，进行明细核算。

二　经营收入的会计处理

（一）农村集体经济组织实现的经营收入，按照实际收到或应收的价款，借记“库存现金”“银行存款”“应收款”“内部往来”等科目，贷记本科目。

【例4-1】2024年7月10日，该集体经济组织将成本价为90 000元的玉米对外销售，取得价款160 000元，并转入银行，根据银行进账单及相关原始凭证，账务处理如下：

借：银行存款　　160 000

　贷：经营收入——销售收入　　160 000

同时

借：经营支出　　90 000

　贷：库存物资——玉米　　90 000

【例4-2】2024年1月1日，某农村集体经济组织向阳光物业公司出售自行种植的桂花树100棵，双方协议价为每棵800元，现已将桂花树送到阳光物业公司指定的地点，并开具了税务发票。2024年1月8日阳光物业公司在栽培时发生有10棵树存在枯萎的现象，经双方协议，同意在原价上给予9折优惠，现对方已将款项转至该农村集体经济组织银行账户，根据发货单、银行进账单及其他相关原始凭证，账务处理如下：

（1）2024年1月1日，合同签订，货已发，票已开，取得收取价款的权利时：

借：应收款——阳光物业公司　　80 000（100×800）

　贷：营业收入——销售收入　　80 000

（2）2024年1月8日发生销售折让及收到货款时：

借：银行存款　　72 000

　营业收入——销售收入　　8 000

　贷：应收款——阳光物业公司　　80 000

【例4-3】2024年1月1日，经双方友好协商，由顺天村集体经济组织安排20名保洁人员为强盛房地产开发公司提供保洁服务，协议规定，强盛房地产开发公司每人每月按3 600元标准支付服务费用。2024年1月10日，为使保洁人员能够保质保量地完成工作，顺天村集体经济组织聘请了2名专业人员对安排的20名保洁人员进行了两天培训，以现金方式支付了培训费2 000元；保洁期间，顺天集体经济组织按照3 000元/月的标准支付保洁人员工资，根据相关原始凭证，账务处理如下：

（1）2014年1月10日，以现金支付培训费时：

借：生产（劳务）成本——保洁服务　　2 000

　　贷：库存现金　　2 000

（2）计提本月应负担的保洁人员工资时：

借：生产（劳务）成本——保洁服务　　60 000（3 000×20）

　　贷：应付工资　　60 000

（3）2024年1月31日，银行账户收到服务费72 000元时：

借：银行存款　　72 000

　　贷：经营收入——服务收入　　72 000

（4）2024年1月31日，打卡发放人员工资时：

借：应付工资　　60 000

　　贷：银行存款　　60 000

【例4-4】2024年5月1日，某村集体经济组织将拥有的1台小麦收割机出租给本村村民张强使用，租期为三个月，每月租金为8 000元，按照合同规定，张强应向本村集体经济组织一次性支付三个月的租金，2024年5月10日开户银行收到张强缴纳的租金24 000元，根据租赁合同及银行进账单等原始凭证，账务处理如下：

借：银行存款　　24 000

　　贷：经营收入——出租收入　　24 000

（二）农村集体经济组织一次收取多期发包或出租款项时，应当将收款金额分摊至各个受益期，分期确认收入，每期确认收入时，借记“内部往来”“应付款”等科目，贷记本科目。

【例4-5】2024年1月1日，某村集体经济组织将集体拥有的100亩土地承包给外村种粮大户王大款种植蔬菜，承包期为三年，每年承包金为50 000元，根据承包期内发生的经济业务事项，分别编制会计分录：

（1）2024年1月16日，王大款按照合同规定，一次性预付了3年承包金150 000元，根据合同及银行进账单，账务处理如下：

借：银行存款　　150 000

　　贷：应付款——王大款　　150 000

（2）2024年12月31日，确认发包收入时：

借：应付款——王大款　　50 000（150 000÷3）

贷：经营收入——发包收入　　　　　　　　　　50 000

（3）2025年12月31日，确认发包收入时：

借：应付款——王大款　　　　　　50 000（150 000÷3）

贷：经营收入——发包收入　　　　　　　　　　50 000

（4）2026年5月6日，因发生自然灾害，导致王大款的蔬菜大部毁损，损失惨重，为支持王大款的发展，经村集体经济组织成员代表大会批准，将王大款2026年的承包金减半，通过银行转账返还时：

借：应付款——王大款　　　　　　25 000（50 000÷2）

贷：银行存款　　　　　　　　　　　　　　　25 000

（5）2026年12月31日，确认发包收入时：

借：应付款——王大款　　　　　　25 000（50 000÷2）

贷：经营收入——发包收入　　　　　　　　　　25 000

（三）期末，应将本科目的余额转入"本年收益"科目的贷方，结转后本科目应无余额。

【例4–6】2024年12月31日，某村集体经济组织将本期经营收入贷方余额360 000元进行结转，账务处理如下：

借：经营收入　　　　　　　　　　　　　360 000

贷：本年收益　　　　　　　　　　　　　　360 000

第三节　投资收益的核算

一、投资收益的核算内容

为了反映和监督农村集体经济组织对外投资取得的收益或发生的损失情况，农村集体经济组织应设置"投资收益"科目进行核算，该科目贷方一般登记取得的投资收益，借方一般登记发生的投资损失，期末结转后本科目应无余额。

本科目应按照投资种类和项目设置明细科目，进行明细核算。

二 投资收益的会计处理

(一)持有期间,在被投资单位宣告分派现金股利、利润或利息时,应当按照应分得的金额,借记"应收款"等科目,贷记本科目。获得股票股利时,不作账务处理,但应在备查簿中登记所增加的股份。

【例4-7】A村集体经济组织现持有强盛集团1%的股份,账面价值为100万元,并准备长期持有,2024年1月1日,强盛集团向外宣告分派现金股利2 000万元,根据相关原始凭证,账务处理如下:

借:应收款——强盛集团　　200 000(20 000 000×1%)

　　贷:投资收益　　200 000

【例4-8】2024年3月31日,A村集体经济组织银行账户收到强盛集团发放的现金股利200 000元,根据银行进账单及其他相关原始凭证,账务处理如下:

借:银行存款　　200 000

　　贷:应收款——强盛集团　　200 000

(二)处置对外投资时,按照实际收到的价款或收回的金额,借记"银行存款"等科目,按照其账面余额,贷记"短期投资""长期投资"科目,按照尚未领取的现金股利、利润或利息,贷记"应收款"科目,按照其差额,贷记或借记本科目。

【例4-9】接上例,2024年6月30日,A村集体经济组织因资金周转需要,现将持有的强盛公司1%的股份向外转让,取得价款95万元,根据银行进账单及其他原始凭证,账务处理如下:

借:银行存款　　950 000

　　投资收益　　50 000

　　贷:长期投资　　1 000 000

(三)期末,应将本科目的贷方余额转入"本年收益"科目贷方;如为投资净损失,应将本科目的借方余额转入"本年收益"科目借方。结转后本科目应无余额。

【例4-10】2024年12月31日,A村集体经济组织年末结转投资收益贷方余额150 000元,账务处理如下:

借:投资收益　　150 000(200 000−50 000)
　贷:本年收益　　150 000

第四节　补助收入的核算

一、补助收入的核算内容

为了反映和监督农村集体经济组织获得的政府给予保障村级组织和村务运转的补助资金以及贷款贴息等经营性补助资金情况,农村集体经济组织应设置"补助收入"科目进行核算,该科目贷方登记收到的补助收入金额,借方登记结转到本年收益的补助收入金额,期末结转后本科目应无余额。

本科目应按照补助收入种类设置明细科目,进行明细核算。

二、补助收入的会计处理

(一)农村集体经济组织收到的经营性补助资金,按照实际收到的金额,借记"银行存款"等科目,贷记本科目。

【例4–11】2024年1月1日,某村集体经济组织银行账户收到县财政局拨付的村务运转补助资金20 000元,根据银行进账单及其他相关原始凭证,账务处理如下:

借:银行存款　　20 000
　贷:补助收入　　20 000

(二)期末,应将补助收入余额转入"本年收益"科目的贷方,结转后本科目应无余额。

【例4–12】接上例,2024年12月31日,某村集体经济组织将本年收到的补助收入20 000元进行结转,账务处理如下:

借:补助收入　　20 000
　贷:本年收益　　20 000

第五节 其他收入的核算

一 其他收入的核算内容

为了反映和监督农村集体经济组织其他收入的形成和结转情况，农村集体经济组织应设置“其他收入”科目，该科目主要核算农村集体经济组织除经营收入、投资收益、补助收入以外的其他收入。其他收入包括盘盈收益、确实无法支付的应付款项、存款利息收入等。

本科目应按照其他收入的来源设置明细科目，进行明细核算。

二 其他收入的会计处理

（一）农村集体经济组织发生的其他收入，借记“库存现金”“银行存款”“内部往来”“固定资产清理”“待处理财产损溢”“应付款”“长期借款及应付款”等科目，贷记本科目。

【例4-13】2024年1月1日，B村集体经济组织在资产清查时，盘盈华为笔记本电脑一台，现无法查明原因，经资产估价确认入账价值3 000元，账务处理如下：

（1）固定资产盘盈时：

借：固定资产——华为笔记本电脑　　3 000

　　贷：待处理财产损益　　3 000

（2）经批准处理时：

借：待处理财产损益　　3 000

　　贷：其他收入——盘盈收益　　3 000

【例4-14】2024年1月1日，A村集体经济组织对应付款进行清查函询，原收取华强公司的押金1 000元，现华强公司已注销，无法支付，经相关部门批准，准予核销，账务处理如下：

借：应付款——华强公司　　1 000

　　贷：其他收入——确实无法支付的应付款项　　1 000

【例4-15】2024年3月11日，A村集体经济组织银行账户收到1季度银行存款利息365元，根据银行进账单，账务处理如下：

借：银行存款　　365

　贷：其他收入——利息收入　　365

（二）期末，应将本科目的余额转入“本年收益”科目的贷方，结转后本科目应无余额。

【例4-16】2024年12月31日，A村集体经济组织对本期其他收入贷方余额4 365元进行结转，账务处理如下：

借：其他收入——盘盈收益　　3 000

　其他收入——确实无法支付的应付款项　　1 000

　其他收入——利息收入　　365

　贷：本年收益　　4 365

第五章 成本类科目的核算

第一节 生产(劳务)成本概述

农村集体经济组织在生产、销售产品、物资、对外提供劳务等活动中,必然要发生各种耗费,这些耗费既包括在生产过程中发生的、能够直接计入产品(劳务)成本的直接材料和直接人工耗费,也包括在生产过程中发生的、应分配计入产品(劳务)成本的间接耗费,比如机器设备的折旧、水电费等间接耗费,但不包括农村集体经济组织干部为组织和管理生产经营动而发生的费用,这些直接耗费和间接耗费即构成了农村集体经济组织的生产(劳务)费用。而成本是按一定对象所归集的费用,是对象化了的费用。也就是说,成本是相对于一定的产品或劳务而言,是按照产品品种或劳务项目等成本计算对象对当期发生的生产(劳务)费用进行归集而形成的,与一定种类和数量的产品或劳务相联系。

第二节 生产(劳务)成本的核算

一 生产(劳务)成本核算的内容

为了核算农村集体经济组织直接组织生产或对外提供劳务等活动所发生的各项生产费用和劳务支出,农村集体经济组织应设置“生产(劳务)成本”科目,该科目属于成本类科目,借方登记按照成本对象归集的各项生产费用和劳务成本,贷方登记完工入库的农产品或工业产品和已实现销售的劳务实际成本、期末借方余额，反映农村集体经济组织尚未生产完成的各项在产品和尚未完成的劳务成本。

本科目应按照生产费用和劳务成本种类设置明细科目，进行明细核算。

二 生产（劳务）成本的会计处理

（一）农村集体经济组织发生的各项生产费用和劳务成本，按成本核算对象归集，借记本科目，贷记“库存现金”“银行存款”“内部往来”“库存物资”“累计折旧”“生产性生物资产累计折旧”“累计摊销”“长期待摊费用”“应付款”“应付工资”“应付劳务费”等科目。

【例5-1】2024年3月16日，某村集体经济组织组织成员加工柳编工艺品对外销售，现外购原材料20 000元，支付工人工资15 000，支付水电费2 000元，支付车间管理人员工资5 000元，生产过程中所使用的机械设备应计提的折旧费为1 000元，以上款项均通过银行存款支付，根据相关原始凭证，账务处理如下：

（1）购买原材料，并投入生产时：

	借方	贷方
借：库存物资	20 000	
贷：银行存款		20 000
借：生产（劳务）成本——直接材料费	20 000	
贷：库存物资		20 000

（2）支付生产工人工资时：

	借方	贷方
借：生产（劳务）成本——直接人工费	15 000	
贷：银行存款		15 000

（3）支付水电费、车间管理人员工资及计提折旧时：

	借方	贷方
借：生产（劳务）成本——间接费用	2 000	
生产（劳务）成本——间接费用	5 000	
生产（劳务）成本——间接费用	1 000	
贷：银行存款		7 000
累计折旧		1 000

【例5-2】某村集体经济组织统一组织成员对外提供银制品来料加工

服务。2024年1月1日，接受甲公司委托，为其加工银梳子100只，双方约定的合同价格为每只梳子加工服务费为200元，共计20 000元，合同签订后甲公司需先预付合同金额的30%，甲公司在合同签订当日，就将预付款转入该村集体经济组织银行账号。该集体经济组织在加工期间以现金方式支付水电费1 000元，应付加工人员工资12 000元，应分摊的房屋及机器设备折旧费为1 500元，根据相关原始凭证，账务处理如下：

（1）2024年1月1日合同签订，收到甲公司预付款时：

借：银行存款　　6 000（20 000×30%）

　贷：应收款——甲公司　　6 000

（2）支付加工期间相关费用时：

借：生产（劳务）成本——梳子加工服务　　13 500

　贷：库存现金　　1 000

　　应付工资　　12 000

　　累计折旧　　1 500

（二）会计期间终了，农村集体经济组织已经生产完成并已验收入库的产成品，按照实际成本，借记“库存物资”科目，贷记本科目。

【例5–3】接【例5–1】，2024年3月31日，柳编工艺品加工完成并验收入库，根据成本核算材料等原始凭证，账务处理如下：

直接费用=20 000+15 000=35 000（元）

间接费用=20 00+5 000+1 000=8 000（元）

成本=直接费用+间接费用=35 000+8 000=43 000（元）

借：库存物资——工艺品　　43 000

　贷：生产（劳务）成本——直接材料　　20 000

　　生产（劳务）成本——直接人工　　15 000

　　生产（劳务）成本——间接费用　　8 000

（三）对外提供劳务实现销售时，借记“经营支出”科目，贷记本科目。

【例5–4】接【例5–2】，2024年1月16日，100只银梳子加工完成，经甲公司验收合格，并于当日将剩余款项转入该村集体经济组织银行账号，根据银行进账单及其他相关原始凭证，账务处理如下：

（1）实现销售时：

借:银行存款　　14 000

　应收款——甲公司　　6 000

　贷:经营收入——劳务收入　　20 000

(2)结转劳务支出时:

借:经营支出　　13 500

　贷:生产(劳务)成本——梳子加工服务　　13 500

第六章 费用类科目的核算

第一节 费用概述

农村集体经济组织的费用是指农村集体经济组织在日常活动中发生的、会导致所有者权益减少的、与向成员分配无关的经济利益的总流出，包括经营支出、税金及附加、管理费用（含运转支出）、公益支出、其他支出等。农村集体经济组织的费用一般应当在发生时按照其发生额计入当期损益。

（一）经营支出，是指农村集体经济组织因销售商品、提供劳务、让渡集体资产资源使用权等经营活动而发生的实际支出，包括销售商品的成本、对外提供劳务的成本、维修费、运输费、保险费、生产性生物资产的管护饲养费用及其成本摊销、出租固定资产或无形资产的折旧或摊销等。

（二）税金及附加，是指农村集体经济组织从事生产经营活动按照税法的有关规定应负担的消费税、城市维护建设税、资源税、房产税、土地使用税、车船税、印花税、教育费附加及地方教育费附加等相关税费。

（三）管理费用，是指农村集体经济组织管理活动发生的各项支出，包括管理人员及固定员工的工资、办公费、差旅费、管理用固定资产修理费、管理用固定资产折旧、管理用无形资产摊销、聘请中介机构费、咨询费、诉讼费等，以及保障村级组织和村务运转的各项支出。

（四）公益支出，是指农村集体经济组织发生的用于本集体经济组织内部公益事业、集体福利或成员福利的各项支出，以及公益性固定资产折旧和修理费等。

（五）其他支出，是指农村集体经济组织发生的除经营支出、税金及附加、管理费用、公益支出、所得税费用以外的支出，包括生物资产的死亡、毁损支出、损失，固定资产及存货等的盘亏、损失，防灾抢险支出，罚款支出，捐赠支出，确实无法收回的应收款项损失，借款利息支出等。

第二节　经营支出的核算

一　经营支出的核算内容

为了反映和监督农村集体经济组织经营支出的发生和结转情况，农村集体经济组织应设置“经营支出”科目，用于核算农村集体经济组织因销售商品、提供劳务、让渡集体资产资源使用权等经营活动而发生的实际成本。该科目借方登记发生的各项经营支出，贷方登记结转的经营支出，期末结转后本科目应无余额。

该科目应按照经营项目设置明细科目，进行明细核算。

二　经营支出的会计处理

（一）农村集体经济组织发生的经营支出，借记本科目，贷记“库存现金”“银行存款”“内部往来”“库存物资”“消耗性生物资产”“在建工程”“应付款”“应付工资”“应付劳务费”“生产（劳务）成本”“生产性生物资产累计折旧”“累计折旧”“累计摊销”等科目。

【例6–1】2024年1月1日，某村集体经济组织对外销售农产品，以现金方式支付运输费2 000元，根据相关原始凭证，账务处理如下：

借：经营支出　　　　2 000

　贷：库存现金　　　　2 000

【例6–2】2024年1月1日，某村集体经济组织将自行生产的一批工艺品向外销售，取得价款8 000元，现已存入银行，该批工艺品的成本为5 000元，根据销售单、银行进账单及其他相关原始凭证，账务处理如下：

（1）取得销售收入时：

借：库存现金　　　　8 000

贷:经营收入——销售收入　　8 000

(2)将现金存入银行时:

借:银行存款　　8 000

贷:库存现金　　8 000

(3)结转销售成本时:

借:经营支出　　5 000

贷:生产(劳务)成本　　5 000

【例6-3】2024年1月1日,某村集体经济组织为新购的农产品运输车辆购买财产保险,以银行转账方式支付2024年度的财产保险费5 600元,根据保险单、银行汇款单等原始凭证,账务处理如下:

借:经营支出　　5 600

贷:银行存款　　5 600

【例6-4】2024年1月31日,某村集体经济组织对生产用机器设备计提折旧1 200元,账务处理如下:

借:经营支出　　1 200

贷:累计折旧　　1 200

(二)期末,应将本科目的余额转入"本年收益"科目的借方,结转后本科目应无余额。

【例6-5】2024年12月31日,某村集体经济组织将本年经营支出借方余额13 800元进行结转,账务处理如下:

借:本年收益　　13 800

贷:经营支出　　13 800

第三节　税金及附加的核算

一　税金及附加的核算内容

农村集体经济组织应设置"税金及附加"科目,用于核算农村集体经济组织从事生产经营活动按照税法的有关规定应负担的消费税、城市维护建设税、资源税、房产税、城镇土地使用税、车船税、印花税、教育费附加及地方教育附加等相关税费。该科目借方登记发生的各项税金及附加支出，贷方登记结转的税金及附加，期末结转后本科目应无余额。

本科目应按照税费种类设置明细科目，进行明细核算。

二 税金及附加的会计处理

（一）农村集体经济组织按照规定计算确定的相关税费，借记本科目，贷记"应交税费"等科目。

【例6-6】2024年1月21日，某村集体经济组织向外销售应税产品一批，按照税法规定应缴纳消费税2 000元；2024年2月8日，以银行转账方式缴纳了2 000元的消费税。根据缴税凭证、银行汇款单等原始凭证，账务处理如下：

（1）2024年1月21日，按照税法规定计算应缴纳消费税时：

借：税金及附加——消费税　　2 000

　　贷：应交税费——消费税　　2 000

（2）2024年2月8日，以银行转账方式缴纳消费税时：

借：应交税费——消费税　　2 000

　　贷：银行存款　　2 000

（二）期末，应将本科目的余额转入"本年收益"科目的借方，结转后本科目应无余额。

【例6-7】2024年12月11日，某村集体经济组织将本期税金及附加借方余额2 000元进行结转，账务处理如下：

借：本年收益　　2 000

　　贷：税金及附加　　2 000

第四节　管理费用的核算

一　管理费用的核算内容

农村集体经济组织应设置“管理费用”科目，用于核算农村集体经济组织管理活动发生的各项支出，包括管理人员及固定员工的工资、办公费、差旅费、管理用固定资产修理费、管理用固定资产折旧、管理用无形资产摊销、聘请中介机构费、咨询费、诉讼费等，以及保障村级组织和村务运转的各项支出。该科目借方登记发生的管理费用，贷方登记结转的管理费用，期末结转后本科目应无余额。

本科目应按照管理费用的项目设置明细科目，进行明细核算。

二　管理费用的会计处理

（一）农村集体经济组织发生的管理费用，借记本科目，贷记“库存现金”“银行存款”“库存物资”“累计折旧”“累计摊销”“长期待摊费用”“应付工资”等科目。

【例6-8】2024年1月31日，某村集体经济组织计提本月应付管理人员工资12 000元；2024年2月15日以现金方式发放管理人员工资12 000元，根据工资表及其他相关原始凭证，账务处理如下：

（1）2024年1月31日，计提管理人员工资时：

借：管理费用——管理人员工资　　12 000

　　贷：应付工资　　12 000

（2）2024年2月15日，支付管理人员工资时：

借：应付工资　　12 000

　　贷：库存现金　　12 000

【例6-9】2024年1月31日，某村集体经济组织计提办公用房及办公设备折旧费6 600元，根据固定资折旧计提表，账务处理如下：

借：管理费用——固定资产折旧费　　6 600

贷:累计折旧　　6 600

【例6-10】2024年1月16日,某村集体经济组织派管理人员张华去小岗村学习土地流转经验,张华履行借款程序后,从村集体经济组织会计处预借差旅费2 000元;2024年1月26日,张华出差回来,报销交通费400元、住宿费500元、伙食费300元,剩余的款项以现金方式退还给会计,根据相关原始凭证,账务处理如下:

(1)2024年1月16日,张华出差借款时:

借:内部往来——张华　　2 000

　贷:库存现金　　2 000

(2)2024年1月26日,张华报销差旅费时:

借:管理费用——差旅费　　1 200

　库存现金　　800

　贷:内部往来——张华　　2 000

【例6-11】2024年1月1日,某村集体经济组织订阅2024年度"乡村振兴"期刊,以银行转账方式支付期刊费3 000元,根据订阅期刊票据及银行汇款单等原始凭证,账务处理如下:

借:管理费用——办公费　　3 000

　贷:银行存款　　3 000

【例6-12】2024年1月16日,某村集体经济组织以现金支付办公室电费260元,购买办公用品300元,根据相关原始凭证,账务处理如下:

借:管理费用——办公费　　300

　管理费用——电费　　260

　贷:库存现金　　560

(二)期末,应将本科目的余额转入"本年收益"科目的借方,结转后本科目应无余额。

【例6-13】2024年12月31日,某村集体经济组织结转本期管理费用借方余额23 360元,账务处理如下:

借:本年收益　　23 360

　贷:管理费用　　23 360

第五节 公益支出的核算

一 公益支出的核算内容

农村集体经济组织应设置“公益支出”科目，用于核算农村集体经济组织发生的用于本集体经济组织内部公益事业、集体福利或成员福利的各项支出，以及公益性固定资产折旧和修理费等。该科目借方登记发生的各项公益支出数额，贷方登记结转的公益支出数额，期末结转后本科目应无余额。

本科目应按照公益支出项目设置明细科目，进行明细核算。

二 公益支出的会计处理

（一）农村集体经济组织发生的公益支出，按照实际发生额，借记本科目，贷记“库存现金”“银行存款”“库存物资”“在建工程”“累计折旧”等科目。

【例6-14】2024年1月1日，某村集体经济组织以现金方式给2023年新考入“985”院校的本村大学生发放奖励金6 000元，根据奖励金发放表等原始凭证，账务处理如下：

借：公益支出——大学奖励金　　6 000
　贷：库存现金　　6 000

【例6-15】2024年1月1日，某村集体经济组织以现金方式购买米面粮油3 600元，发放给本村部分老党员、老干部、困难户、五保户等特殊人群，根据采购单、验收单、发放单等原始凭证，账务处理如下：

借：公益支出——慰问品　　3 600
　贷：库存现金　　3 600

【例6-16】2024年1月1日，某村集体经济组织以转账方式支付村民活动中心体育器材款8 800元，根据采购单、验收单及银行汇款单等原始凭证，账务处理如下：

借:公益支出——集体设施　　8 800
　贷:银行存款　　8 800

【例6-17】2024年1月1日,某村集体经济组织计提村集体设施折旧费1 600元,根据固定资产折旧计提表,账务处理如下:

借:公益支出——折旧费　　1 600
　贷:累计折旧　　1 600

(二)期末,应将本科目的余额转入"本年收益"科目的借方,结转后本科目应无余额。

【例6-18】2024年12月31日,某村集体经济组织结转公益支出本期借方余额20 000元,账务处理如下:

借:本年收益　　20 000
　贷:公益支出　　20 000

第六节　其他支出的核算

一　其他支出的核算内容

农村集体经济组织应设置"其他支出"科目,用于核算农村集体经济组织发生的除经营支出、税金及附加、管理费用、公益支出、所得税费用以外的其他各项支出,如生物资产的死亡毁损支出、损失,固定资产及存货等的盘亏、损失,防灾抢险支出,罚款支出,捐赠支出,确实无法收回的应收款项损失,借款利息支出等。该科目借方登记发生的各项其他支出,贷方登记结转的其他结转,期末结转后本科目应无余额。

本科目应按照其他支出的项目设置明细科目,进行明细核算。

二　其他支出的会计处理

(一)农村集体经济组织发生的其他支出,借记本科目,贷记"库存现金""银行存款""内部往来""应收款""库存物资""在建工程""固定资产清理""长期待摊费用""待处理财产损溢""应付款""应付工资""应付劳务费”“应交税费”等科目。

【例6-19】2024年12月31日，某村集体经济组织用银行存款支付本年度借款利息2 600元，根据银行汇款单及借款合同等原始凭证，账务处理如下：

借：其他支出——借款利息　　2 600

　　贷：银行存款　　2 600

【例6-20】2024年1月1日，某村集体经济组织在资产清查时盘亏一台打印机，该打印机账面价值为2 200元，已提折旧1 600元，现无法找到责任人，经批准准予核销，账务处理如下：

(1)固定资产盘亏时：

借：待处理财产损溢——待处理固定资产损溢　　600

　　累计折旧　　1 600

　　贷：固定资产——打印机　　2 200

(2)批准核销时：

借：其他支出——资产盘亏　　600

　　贷：待处理财产损溢——待处理固定资产损溢　　600

【例6-21】2024年1月1日，某村集体经济组织为村民李四代垫的保险费360元，现李四下落不明，经批准准予核销，账务处理如下：

借：其他支出——坏账损失　　360

　　贷：内部往来——李四　　360

(二)期末，应将本科目的余额转入“本年收益”科目的借方，结转后本科目应无余额。

【例6-22】2024年12月31日，某村集体经济组织对其他支出本期借方余额3 560元进行结转，账务处理如下：

借：本年收益　　3 560

　　贷：其他支出　　3 560

第七章 所有者权益类科目的核算

第一节 所有者权益概述

一 所有者权益的定义

农村集体经济组织的所有者权益，是指农村集体经济组织资产扣除负债后由全体成员享有的剩余权益。

二 所有者权益的分类

农村集体经济组织的所有者权益包括资本、公积公益金、未分配收益等。

（一）农村集体经济组织的资本，是指农村集体经济组织按照章程等确定的属于本集体经济组织成员集体所有的相关权益金额。

（二）农村集体经济组织的公积公益金，包括按照章程确定的计提比例从本年收益中提取的公积公益金，政府补助或接受捐赠的资产（计入补助收入的资金除外），对外投资中资产重估确认的价值与原账面价值的差额，一事一议筹资筹劳转入，收到的征用土地补偿费等。

（三）农村集体经济组织按照有关规定用公积公益金弥补亏损等，应当冲减公积公益金。

第二节　资本的核算

一　资本的核算内容

为了反映和监督农村集体经济组织资本的增减变化情况,农村集体经济组织应设置“资本”科目,用于核算农村集体经济组织按照章程等确定的属于本集体经济组织成员集体所有的相关权益。该科目的借方登记资本的增加数额,贷方登记资本的减少数额,期末贷方余额,反映农村集体经济组织实有的资本数额。

二　资本的会计处理

农村集体经济组织按照章程等确定属于本集体经济组织成员集体所有的相关权益,按照确定的金额,借记“库存现金”“银行存款”“固定资产”“无形资产”等科目,贷记本科目。

【例7–1】2024年1月1日,某村集体经济组织收到成员张三投资的现金10 000元,并于当日存入开户银行,根据收款单、进账单等相关原始凭证,账务处理如下:

借:库存现金　　10 000
　　贷:资本——张三　　10 000
借:银行存款　　10 000
　　贷:库存现金　　10 000

【例7–2】2024年1月1日,某村集体经济组织收到成员李四投入的农业机械一台,双方确认的价值为28 000元,账务处理如下:

借:固定资产——农业机械　　28 000
　　贷:资本——李四　　28 000

【例7–3】2024年1月1日,某村集体经济组织收到成员王强投入的专利权,经评估,双方同意将该专利权作价50 000元,账务处理如下:

借:无形资产——专利权　　50 000

贷:资本——王强　　50 000

第三节　公积公益金的核算

一　公积公益金的核算内容

为了反映和监督农村集体经济组织公积公益金的增减变动情况,农村集体经济组织应设置“公积公益金”科目,用于核算农村集体经济组织从收益中提取的,接受政府补助和他人捐赠等其他来源取得的公积公益金。该科目的贷方登记从收益中提取和从其他来源取得的公积公益金数额,借方登记将公积公益金用于转赠资本、弥补亏损等而减少的公积公益金的数额,期末贷方余额,反映农村集体经济组织实有的公积公益金数额。

本科目应按照公积公益金的来源设置明细科目,进行明细核算。

二　公积公益金的会计处理

(一)农村集体经济组织提取公积公益金时,借记“收益分配”科目,贷记本科目。

【例7-4】2024年12月31日,某农村集体经济组织根据成员大会通过的收益分配方案,从当年收益中提取公积公益金20 000元,账务处理如下:

借:收益分配——提取公积公益金　　20 000

　　贷:公积公益金　　20 000

(二)农村集体经济组织以实物资产、无形资产等非货币性资产方式投资时,按照评估确认或者合同、协议约定的价值和相关税费,借记“长期投资”科目,按照已计提的累计折旧或摊销,借记“生产性生物资产累计折旧”“累计折旧”“累计摊销”科目,按照投出资产的原价(成本),贷记“消耗性生物资产”“生产性生物资产”“固定资产”“无形资产”等科目,按照应支付的相关税费,贷记“应交税费”等科目,按照其差额,借记或贷记本科目。

【例7-5】2024年1月1日，某村集体经济组织以其拥有的农业机械一台，向甲合作社投资。该农业机械原价为50 000元，已提折旧22 000元，双方约定的价值为30 000元，账务处理如下：

借：长期投资——甲合作社　　30 000
　　累计折旧　　22 000
　　贷：固定资产——农业机械　　50 000
　　　　公积公益金　　2 000

（三）农村集体经济组织使用已收到的政府补助资金取得生物资产、固定资产、无形资产等非货币性资产，或用于兴建农业农村基础设施时，按照实际使用政府补助资金的数额，借记“消耗性生物资产”“生产性生物资产”“固定资产”“无形资产”“在建工程”等科目，贷记“库存现金”“银行存款”等科目，同时借记“专项应付款”科目，贷记本科目。

【例7-6】2024年1月1日，某村集体经济组织银行账户收到县农业农村局拨付的高标准农田建设资金60 000元，根据银行进账单及相关原始凭证，账务处理如下：

借：银行存款　　60 000
　　贷：专项应付款——高标准农田建设资金　　60 000

【例7-7】接上例，2024年2月16日，该村集体经济组织用县农业农村局拨付的高标准农田建设资金60 000元，建立了村节水灌溉管道工程，现已完工交付使用，根据相关原始凭证，账务处理如下：

借：固定资产——村节水灌溉管道　　60 000
　　贷：银行存款　　60 000

同时

借：专项应付款——高标准农田建设资金　　60 000
　　贷：公积公益金　　60 000

（四）取得生物资产、固定资产、无形资产等非货币性资产之后收到对应用途的政府补助资金的，按照收到的金额，借记“库存现金”“银行存款”等科目，贷记“专项应付款”科目，同时按照实际使用政府补助资金的数额，借记“专项应付款”科目，贷记本科目。

（五）实际收到他人捐赠的货币资金时，借记“库存现金”“银行存款”科目，贷记本科目。

【例7-8】2024年1月1日，某村集体经济组织银行账户收到县红十字会定向捐赠款5 000元，并向对方开具了捐赠票据，根据银行进账单及相关原始凭证，账务处理如下：

借：银行存款　　5 000

　　贷：公积公益金　　5 000

（六）收到政府补助的存货、生物资产、固定资产、无形资产等非货币性资产（包括以前年度收到或形成但尚未入账的）或者他人捐赠的非货币性资产时，按照有关凭据注明的金额加上相关税费等，借记“库存物资”“消耗性生物资产”“生产性生物资产”“公益性生物资产”“固定资产”“无形资产”等科目，贷记本科目等。没有相关凭据的，按照资产评估价值或者比照同类或类似资产的市场价格，加上相关税费等，借记“库存物资”“消耗性生物资产”“生产性生物资产”“公益性生物资产”“固定资产”“无形资产”等科目，贷记本科目等。如无法采用上述方法计价的，应当按照名义金额，借记“库存物资”“消耗性生物资产”“生产性生物资产”“公益性生物资产”“固定资产”“无形资产”等科目，贷记本科目，并设置备查簿进行登记和后续管理；按照应支付的相关税费等，借记“其他支出”科目，贷记“库存现金”“银行存款”“应付款”“应交税费”等科目。

【例7-9】2024年1月1日，某村集体经济组织收到县卫健委捐赠的防疫物资一批，对方提供的凭证上显示，该批防疫物资价值12 000元，另用现金支付运输费600元，根据验收入库单及其他相关原始凭证，账务处理如下：

借：库存物资——防控物资　　12 600

　　贷：公积公益金　　12 000

　　　　库存现金　　600

【例7-10】2024年1月1日，某村集体经济组织收到县农机公司捐赠的新型玉米收割机一台，对方未提供相关凭据，同类或类似机器的市场价为88 000元，另用银行存款支付运输费、操作人员培训费共计12 000元，根据银行汇款单及其他相关原始凭证，账务处理如下：

借:固定资产——新型玉米收割机　　100 000
　　贷:公积公益金　　88 000
　　　　银行存款　　12 000

【例7-11】2024年1月1日，某村集体经济组织收到政府补助的“三资”管理软件一套，未提供相关凭证、市场上也未有同类或类似软件的价格可供参考、也未经过评估，现暂按名义金额入账，另用现金支付培训费800元，根据相关原始凭证，账务处理如下：

借:无形资产——“三资”管理软件　　1
　　贷:公积公益金　　1

同时

借:其他支出　　800
　　贷:库存现金　　800

（七）农村集体经济组织使用一事一议资金购入不需要安装的固定资产的，借记“固定资产”科目，贷记“库存现金”“银行存款”等科目，同时，借记“一事一议资金”科目，贷记本科目。使用一事一议资金购入需要安装或建造固定资产的，借记“在建工程”科目，贷记“库存现金”“银行存款”等科目。固定资产完工后，借记“固定资产”科目，贷记“在建工程”科目，同时，借记“一事一议资金”科目，贷记本科目。对于使用一事一议资金而未形成固定资产的项目，在项目支出发生时，借记“在建工程”科目，贷记“库存现金”“银行存款”等科目；项目完成后按使用一事一议资金金额，借记“公益支出”“其他支出”等科目，贷记“在建工程”科目，同时，借记“一事一议资金”科目，贷记本科目。

【例7-12】2024年2月1日，某农村集体经济组织成员代表大会讨论通过“一事一议”筹资方式筹集资金8 000元，购买抽水泵10台，用于本村集体经济组织抗旱使用。2024年2月10日村集体经济组织共收到成员缴来的8 000元，当日直接存入银行账户。2024年3月1日，该农村集体经济组织使用一事一议资金通过银行转账方式购入10台不需要安装的抽水泵，价款为8 000元，根据对方开具的发票、验收单、合同及其他相关原始凭证，账务处理如下：

（1）2024年2月1日筹资方案经成员代表大会批准时：

借:内部往来——各成员　　8 000
　　贷:一事一议资金——抽水泵筹资　　8 000

(2)2024年2月10日实际收到筹资款并存入银行账户时:

借:库存现金　　8 000
　　贷:内部往来——各成员　　8 000

借:银行存款　　8 000
　　贷:库存现金　　8 000

(3)使用一事一议资金购入不需要安装的10台抽水泵时:

借:固定资产——抽水泵　　8 000
　　贷:银行存款　　8 000

同时

借:一事一议资金——抽水泵筹资　　8 000
　　贷:公积公益金　　8 000

(八)农村集体经济组织收到应计入公积公益金的征用土地补偿费时,借记"银行存款"科目,贷记本科目。

【例7-13】2024年1月1日,某村集体经济组织银行账户收到国家征用该集体经济组织耕地的土地补偿费共计100 000元,其中,土地补助费40 000元、成员张三安置补助费20 000元、成员张三地上附着物及青苗补偿费40 000元,根据相关原始凭证,账务处理如下:

借:银行存款　　100 000
　　贷:公积公益金　　40 000
　　　　内部往来——成员张三　　60 000

(九)农村集体经济组织按国家有关规定,并按规定程序批准后,用公积公益金弥补亏损等时,借记本科目,贷记"收益分配——未分配收益"科目。

【例7-14】2024年1月1日,经村集体经济组织成员大会表决通过,用以前年度提取的公积公益金弥补亏损8 000元,账务处理如下:

借:公积公益金　　8 000
　　贷:收益分配——未分配收益　　8 000

第四节　本年收益的核算

一　本年收益的核算内容

农村集体经济组织应设置“本年收益”科目，用于核算农村集体经济组织本年度实现的收益。

二　本年收益的会计处理

（一）会计期末结转收益时，应将“经营收入”“补助收入”“其他收入”等科目的余额转入本科目的贷方，借记“经营收入”“补助收入”“其他收入”等科目，贷记本科目。同时，将“经营支出”“税金及附加”“管理费用”“公益支出”“其他支出”“所得税费用”等科目的余额转入本科目的借方，借记本科目，贷记“经营支出”“税金及附加”“管理费用”“公益支出”“其他支出”“所得税费用”等科目。“投资收益”科目的净收益转入本科目，借记“投资收益”科目，贷记本科目；如为投资净损失，借记本科目，贷记“投资收益”科目。结转后本科目的贷方余额为当期实现的净收益；借方余额为当期发生的净亏损。

【例7-15】2024年12月31日，某村集体经济组织经营收入本年贷方发生额1 300 000元、补助收入本年贷方发生额500 000元、其他收入本年贷方发生额100 000元；经营支出本年借方发生额500 000元、税金及附加本年借方发生额20 000元、管理费用本年借方发生额120 000元、公益支出本年借方发生额250 000元、其他支出本年借方发生额200 000元、所得税费用本年借方发生额10 000元。结转收益，相关账务处理如下：

（1）结转收入时：

	借方	贷方
借：经营收入	1 300 000	
补助收入	500 000	
其他收入	100 000	
贷：本年收益		1 900 000

(2)结转支出费用时：

借：本年收益　　1 100 000

　贷：经营支出　　500 000

　　税金及附加　　20 000

　　管理费用　　120 000

　　公益支出　　250 000

　　其他支出　　200 000

　　所得税费用　　10 000

(二)年度终了，应将本年收入和支出相抵后结出的净收益，借记本科目，贷记“收益分配——未分配收益”科目；如为净亏损，作相反的会计分录。结转后本科目期末无余额。

【例7-16】接上例，结转本年净收益800 000元，账务处理如下：

借：本年收益　　800 000

　贷：收益分配——未分配收益　　800 000

第五节　收益分配的核算

一　收益分配的核算内容

农村集体经济组织应设置“收益分配”科目，用于核算农村集体经济组织当年收益的分配(或亏损的弥补)和历年分配(或弥补)后的结存余额。本科目设置“各项分配”和“未分配收益”两个二级科目。

本科目应按照收益的用途设置明细科目，进行明细核算。

本科目期末余额，反映农村集体经济组织的未分配收益(或未弥补亏损)。

二　收益分配的会计处理

(一)农村集体经济组织按照国家有关规定，并按规定程序批准后，用公积公益金弥补亏损时，借记“公积公益金”科目，贷记本科目(未分配收益)。

【例7-17】2024年2月1日,经村集体经济组织成员大会表决通过,用以前年度提取的公积公益金弥补亏损8 000元,账务处理如下:

借:公积公益金　　8 000

　贷:收益分配——未分配收益　　8 000

(二)按照规定提取公积公益金、分配股利等时,借记本科目(各项分配),贷记"公积公益金""内部往来"等科目。

【例7-18】2024年度某农村集体经济组织实现收益800 000元,2024年12月31日经成员大会集体批准后,决定按以下方案对2024年实现的收益进行分配:按30%提取公积公益金,按40%分配给内部成员,其余30%留待以后年度分配,账务处理如下:

借:收益分配——各项分配——提取公积公益金

　　240 000(800 000×30%)

　收益分配——各项分配——成员分配

　　320 000(800 000×40%)

　贷:公积公益金　　240 000

　　内部往来——各成员　　320 000

(三)年度终了,农村集体经济组织应按照本年实现的净收益数额,借记"本年收益"科目,贷记本科目(未分配收益);如为净亏损,作相反的会计分录。同时,将本科目下的"各项分配"明细科目的余额转入本科目"未分配收益"明细科目,借记本科目(未分配收益),贷记本科目(各项分配)。年度终了,本科目的"各项分配"明细科目应无余额,"未分配收益"明细科目的贷方余额表示未分配的收益,借方余额表示未弥补的亏损。

【例7-19】接上例,2024年12月31日,某村集体经济组织将本年实现的净收益800 000元进行结转,账务处理如下:

借:本年收益　　800 000

　贷:收益分配——未分配收益　　800 000

同时

借:收益分配——未分配收益　　560 000

　贷:收益分配——各项分配——提取公积公益金　　240 000

收益分配——各项分配——成员分配　　320 000

（四）年终结账后，如发现以前年度收益计算不准确，或有未反映的会计业务，需要调整增加或减少本年收益的，也在本科目（未分配收益）核算。调整增加本年收益时，借记有关科目，贷记本科目（未分配收益）；调整减少本年收益时，借记本科目（未分配收益），贷记有关科目。

【例7-20】2024年1月31日，某村集体经济组织发现2023年度结转时少计银行存款利息收入2 000元，账务处理如下：

借：银行存款　　2 000

　贷：收益分配——未分配收益　　2 000

【例7-21】2024年2月16日，某村集体经济组织因会计人员差错，2023年度多支付办公费900元，现要求对方原路退回，对方已同意退款，账务处理如下：

借：应收款　　900

　贷：收益分配——未分配收益　　900

【例7-22】2024年3月16日，某村集体经济组织经审计发现，2023年度将外单位张华交的3 000元押金计入其他收入科目，现要求调整，账务处理如下：

借：收益分配——未分配收益　　3 000

　贷：应付款——张华　　3 000

第六节　所得税费用的核算

一　所得税费用的核算内容

农村集体经济组织应设置“所得税费用”科目，用于核算农村集体经济组织根据税法规定确认的应从当期收益总额中扣除的所得税费用。该科目借方登记应纳的所得税额，贷方登记结转的所得税费用，期末结转后本科目应无余额。

二 所得税费用的会计处理

（一）年度终了，按照税法规定计算确定的当期应纳所得税额，借记本科目，贷记“应交税费——应交所得税”科目。

【例7-23】2024年12月31日，某村集体经济组织按照税法规定计算2024年应纳所得税额为68 000元，根据所得税计算表等原始凭证，账务处理如下：

借：所得税费用　　68 000

　贷：应交税费——应交所得税　　68 000

（二）期末，应将本科目的余额转入“本年收益”科目的借方，结转后本科目应无余额。

【例7-24】接上例，2024年12月31日，该村集体经济组织按照规定结转所得税借方余额，账务处理如下：

借：本年收益　　68 000

　贷：所得税费用　　68 000

第八章 会计报表格式及编制说明

农村集体经济组织应当根据本制度有关会计报表的编制基础、编制依据、编制原则和方法的要求，提供真实、完整的财务会计报告，不得随意改变会计报表的编制基础、编制依据、编制原则和方法，不得随意改变本制度规定的会计报表有关数据的会计口径。

第一节 资产负债表格式及编制说明

资产负债表

村会01表

编制单位： 年 月 日 单位：元

资产	期末余额	年初余额	负债和所有者权益	期末余额	年初余额
流动资产：			流动负债：		
货币资金			短期借款		
短期投资			应付款项		
应收款项			应付工资		
存货			应付劳务费		
消耗性生物资产			应交税费		
流动资产合计			流动负债合计		
非流动资产：			非流动负债：		
长期投资			长期借款及应付款		
生产性生物资产原值			一事一议资金		
减：生产性生物资产累计折旧			专项应付款		

续表

资产	期末余额	年初余额	负债和所有者权益	期末余额	年初余额
生产性生物资产净值			非流动负债合计		
固定资产原值			负债合计		
减:累计折旧					
固定资产净值					
在建工程					
固定资产清理					
固定资产小计					
无形资产原值					
减:累计摊销			所有者权益:		
无形资产净值			资本		
公益性生物资产			公积公益金		
长期待摊费用			未分配收益		
非流动资产合计			所有者权益合计		
资产总计			负债和所有者权益总计		

资产负债表编制说明:

1.本表反映农村集体经济组织在某一特定日期全部资产、负债和所有者权益的情况。

2.本表“年初余额”栏内各项数字,应根据上年年末资产负债表“期末余额”栏内所列数字填列。

如果本年度资产负债表规定项目的名称和内容同上年度不一致,应当对上年年末资产负债表项目的名称和数字按照本年度的规定进行调整,将调整后数字填入本表“年初余额”栏内,并加以书面说明。

3.本表“期末余额”各项目的内容和填列方法如下:

(1)“货币资金”项目,反映农村集体经济组织库存现金、银行存款等货币资金的期末合计数。本项目应根据“库存现金”“银行存款”科目的期末余额合计填列。

(2)“短期投资”项目,反映农村集体经济组织能够随时变现并且持有时间不准备超过1年(含1年)的投资的账面余额。本项目应根据“短期投资”科目的期末余额填列。

(3)“应收款项”项目,反映农村集体经济组织期末尚未收回的应收及暂付款项。本项目应根据“应收款”科目期末借方余额和“内部往来”各明细科目期末借方余额合计数合计填列。

(4)“存货”项目,反映农村集体经济组织期末在库、在途、在加工和在培育中各项存货的成本,包括各种原材料、农用材料、农产品、工业产成品等物资、在产品等。本项目应根据“库存物资”“生产(劳务)成本”等科目的期末余额合计填列。

(5)“消耗性生物资产”项目,反映农村集体经济组织各种消耗性生物资产的账面余额。本项目应根据“消耗性生物资产”科目的期末余额填列。

(6)“流动资产合计”项目,反映农村集体经济组织期末流动资产的合计数。本项目应根据本表中“货币资金”“短期投资”“应收款项”“存货”“消耗性生物资产”项目金额的合计数填列。

(7)“长期投资”项目,反映农村集体经济组织持有时间准备超过1年(不含1年)的投资的账面余额。本项目应根据“长期投资”科目的期末余额填列。

(8)“生产性生物资产原值”项目和“生产性生物资产累计折旧”项目,反映农村集体经济组织生产性生物资产的原值及累计折旧。这两个项目应根据“生产性生物资产”科目和“生产性生物资产累计折旧”科目的期末余额填列。

(9)“生产性生物资产净值”项目,反映农村集体经济组织生产性生物资产原值扣除生产性生物资产累计折旧后的余额。本项目应根据本表中“生产性生物资产原值”项目金额减去“生产性生物资产累计折旧”项目金额后的余额填列。

(10)“固定资产原值”项目和“累计折旧”项目,反映农村集体经济组织固定资产的原值及累计折旧。这两个项目应根据“固定资产”科目和“累计折旧”科目的期末余额填列。

(11)“固定资产净值”项目,反映农村集体经济组织固定资产原值扣除累计折旧后的余额。本项目应根据本表中“固定资产原值”项目金额减去“累计折旧”项目金额后的余额填列。

(12)“在建工程”项目,反映农村集体经济组织各项尚未完工或虽已完工但尚未办理竣工决算并交付使用的工程项目实际成本。本项目应根据“在建工程”科目的期末余额填列。

(13)“固定资产清理”项目,反映农村集体经济组织因出售、报废、毁损等原因转入清理但尚未清理完毕的固定资产的账面价值,以及固定资产清理过程中发生的清理费用和清理收入等各项金额的差额。本项目应根据“固定资产清理”科目的期末借方余额填列;如为贷方余额,本项目数字应以“—”号填列。

(14)“固定资产小计”项目,反映农村集体经济组织期末固定资产、在建工程、转入清理但尚未清理完毕的固定资产的小计数。本项目应根据本表中“固定资产净值”“在建工程”“固定资产清理”项目金额的合计数填列。

(15)“无形资产原值”项目和“累计摊销”项目,反映农村集体经济组织无形资产的原值及累计摊销。这两个项目应根据“无形资产”科目和“累计摊销”科目的期末余额填列。

(16)“无形资产净值”项目,反映农村集体经济组织无形资产原值扣除累计摊销后的余额。本项目应根据本表中“无形资产原值”项目金额减去“累计摊销”项目金额后的余额填列。

(17)“公益性生物资产”项目,反映农村集体经济组织各种公益性生物资产的账面余额。本项目应根据“公益性生物资产”科目的期末余额填列。

(18)“长期待摊费用”项目,反映农村集体经济组织尚未摊销完毕的长期待摊费用。本项目应根据“长期待摊费用”科目的期末余额填列。

(19)“非流动资产合计”项目,反映农村集体经济组织期末非流动资产的合计数。本项目应根据本表中“长期投资”“生产性生物资产净值”“固定资产小计”“无形资产净值”“公益性生物资产”“长期待摊费用”项目金额的合计数填列。

(20)“资产总计”项目,反映农村集体经济组织期末资产的合计数。本项目应根据本表中“流动资产合计”和“非流动资产合计”项目金额的合计数填列。

(21)“短期借款”项目,反映农村集体经济组织借入偿还期在1年以内(含1年)的、尚未偿还的各种借款。本项目应根据“短期借款”科目的期末余额填列。

(22)“应付款项”项目,反映农村集体经济组织期末应付而未付的、偿还期在1年以内(含1年)的各种应付及暂收款项。本项目应根据“应付款”科目期末贷方余额和“内部往来”各明细科目期末贷方余额合计数合计填列。

(23)“应付工资”项目,反映农村集体经济组织已提取但尚未支付的管理人员、固定员工等职工的工资。本项目应根据“应付工资”科目的期末余额填列。

(24)“应付劳务费”项目,反映农村集体经济组织已提取但尚未支付的季节性用工等临时性工作人员的劳务费。本项目应根据“应付劳务费”科目的期末余额填列。

(25)“应交税费”项目,反映农村集体经济组织期末未缴纳、多缴纳或未抵扣的各种税费。本项目应根据“应交税费”科目的期末贷方余额填列;如为借方余额,本项目数字以“—”号填列。

(26)“流动负债合计”项目,反映农村集体经济组织期末流动负债的合计数。本项目应根据本表中“短期借款”“应付款项”“应付工资”“应付劳务费”“应交税费”项目金额合计数填列。

(27)“长期借款及应付款”项目,反映农村集体经济组织借入尚未偿还的期限在1年以上(不含1年)的借款以及偿还期在1年以上(不含1年)的应付未付款项。本项目应根据“长期借款及应付款”科目的期末余额填列。

(28)“一事一议资金”项目,反映农村集体经济组织筹集的一事一议资金的余额。本项目应根据“一事一议资金”科目的期末贷方余额填列;如为借方余额,本项目数字以“—”号填列。

(29)“专项应付款”项目,反映农村集体经济组织实际收到政府给予的具有专门用途且未来应支付用于专门用途的专项补助资金金额。本项目应根据“专项应付款”科目的期末余额填列。

(30)“非流动负债合计”项目,反映农村集体经济组织期末非流动负债的合计数。本项目应根据本表中“长期借款及应付款”“一事一议资金”“专项应付款”项目金额的合计数填列。

(31)“负债合计”项目,反映农村集体经济组织期末负债的合计数。本项目应根据本表中“流动负债合计”和“非流动负债合计”项目金额的合计数填列。

(32)“资本”项目,反映农村集体经济组织按照章程等确定的属于本集体经济组织成员集体所有的相关权益金额。本项目应根据“资本”科目的期末余额填列。

(33)“公积公益金”项目,反映农村集体经济组织从收益中提取的和其他来源取得的公积公益金的账面余额。本项目应根据“公积公益金”科目的期末余额填列。

(34)“未分配收益”项目,反映农村集体经济组织尚未分配的历年结存收益。本项目应根据“收益分配”科目的期末余额填列;如为未弥补的亏损,本项目数字以“—”号填列。

(35)“所有者权益合计”项目,反映农村集体经济组织期末所有者权益的合计数。本项目应根据本表中“资本”“公积公益金”“未分配收益”项目金额的合计数填列。

(36)“负债和所有者权益总计”项目,反映农村集体经济组织期末负债和所有者权益的合计数。本项目应根据本表中“负债合计”和“所有者权益合计”项目金额的合计数填列。

第二节　收益与收益分配表格式及编制说明

收益及收益分配表

村会02表

编制单位：　　　　年度　　　　单位：元

项目	本年金额	上年金额
一、经营收入		
加：投资收益		
补助收入		
减：经营支出		
税金及附加		
管理费用		
其中：运转支出		
二、经营收益		
加：其他收入		
减：公益支出		
其他支出		
三、收益总额		
减：所得税费用		
四、净收益		
加：年初未分配收益		
其他转入		
五、可分配收益		
减：提取公积公益金		
向成员分配		
其他		
六、年末未分配收益		

收益及收益分配表编制说明：

1.本表反映农村集体经济组织在一定会计期间内收益实现及分配的

实际情况。农村集体经济组织投资设立企业的收益等情况不在此列示。

2.本表“上年金额”栏内各项数字,应根据上年度收益及收益分配表“本年金额”栏内各对应项目数字填列。

3.本表“本年金额”各项目的内容及其填列方法如下:

(1)“经营收入”项目,反映农村集体经济组织进行各项生产销售、提供劳务、让渡集体资产资源使用权等经营活动取得的收入。本项目应根据“经营收入”科目的本期发生额分析填列。

(2)“投资收益”项目,反映农村集体经济组织对外投资取得的收益扣除发生的投资损失后的净额。本项目应根据“投资收益”科目的本期发生额分析填列;如为投资损失,本项目数字以“—”号填列。

(3)“补助收入”项目,反映农村集体经济组织获得的政府给予保障村级组织和村务运转的补助资金以及贷款贴息等经营性补助资金。本项目应根据“补助收入”科目的本期发生额分析填列。

(4)“经营支出”项目,反映农村集体经济组织因销售商品、提供劳务、让渡集体资产资源使用权等经营活动而发生的实际支出。本项目应根据“经营支出”科目的本期发生额分析填列。

(5)“税金及附加”项目,反映农村集体经济组织从事生产经营活动按照税法的有关规定应负担的相关税费。本项目应根据“税金及附加”科目的本期发生额分析填列。

(6)“管理费用”项目,反映农村集体经济组织管理活动发生的支出。本项目应根据“管理费用”的本期发生额分析填列。“其中:运转支出”项目,反映农村集体经济组织发生保障村级组织和村务运转的各项支出,包括村干部补助、村两委办公经费等,本项目应根据“管理费用”科目下相关明细科目的本期发生额分析填列。

(7)“经营收益”项目,反映农村集体经济组织当期通过生产经营活动实现的收益。本项目应根据本表中“经营收入”“投资收益”“补助收入”项目金额之和减去“经营支出”“税金及附加”“管理费用”项目金额后的余额填列。如为经营亏损,本项目数字以“—”号填列。

(8)“其他收入”项目,反映农村集体经济组织除经营收入、投资收益、补助收入以外的其他收入。本项目应根据“其他收入”科目的本期发生额分析填列。

(9)“公益支出”项目,反映农村集体经济组织发生的用于本集体经济组织内部公益事业、集体福利或成员福利的支出,以及公益性固定资产折旧和修理费等。本项目应根据“公益支出”科目的本期发生额分析填列。

(10)“其他支出”项目,反映农村集体经济组织发生除经营支出、税金及附加、管理费用、公益支出、所得税费用以外的其他各项支出。本项目应根据“其他支出”科目的本期发生额分析填列。

(11)“收益总额”项目,反映农村集体经济组织当期实现的收益总额。本项目应根据本表中“经营收益”“其他收入”项目金额之和减去“公益支出”“其他支出”项目金额后的余额填列。如为亏损总额,本项目数字以“—”号填列。

(12)“所得税费用”项目,反映农村集体经济组织根据税法规定确定的应从当期收益总额中扣除的所得税费用。本项目应根据“所得税费用”科目的本期发生额分析填列。

(13)“净收益”项目,反映农村集体经济组织本年实现的收益净额。本项目应根据本表中“收益总额”项目金额减去“所得税费用”项目金额后的余额填列。如为净亏损,本项目数字以“—”号填列。

(14)“年初未分配收益”项目,反映农村集体经济组织上年度未分配的收益。本项目应根据上年度收益及收益分配表中“年末未分配收益”项目的金额填列。如为未弥补亏损,本项目数字以“—”号填列。

(15)“其他转入”项目,反映农村集体经济组织按有关规定用公积公益金弥补亏损等转入的数额。本项目应根据实际转入的公积公益金数额填列。

(16)“可分配收益”项目,反映农村集体经济组织年末可分配的收益总额。本项目应根据本表中“净收益”“年初未分配收益”“其他转入”项目金额的合计数填列。如可分配收益为负数,本项目数字以“—”号填列。

(17)“提取公积公益金”项目,反映农村集体经济组织按照规定提取的公积公益金数额。本项目应根据实际提取的公积公益金数额填列。

(18)“向成员分配”项目,反映农村集体经济组织按照成员(代表)大会的决议,向成员分配的金额。本项目应根据“收益分配”科目下相关明细科目的借方发生额分析填列。

(19)“年末未分配收益”项目,反映农村集体经济组织年末累计未分配的收益。本项目应根据本表中“可分配收益”项目金额减去“提取公积公益金”“向成员分配”“其他”项目金额后的余额填列。如为未弥补的亏损,本项目数字以“—”号填列。

第三节　会计报表附注及编制说明

会计报表附注是财务会计报告的重要组成部分。农村集体经济组织应当在会计报表附注中按照下列顺序至少披露以下内容:

1. 遵循农村集体经济组织会计制度的声明。

农村集体经济组织应当声明编制的财务会计报告符合农村集体经济组织会计制度的要求,真实、完整地反映了农村集体经济组织的财务状况、经营成果等有关信息。

2. 农村集体经济组织的基本情况,包括:农村集体经济组织的资本总额、成员总数及构成、主要经营项目、集体经营性财产和非经营性财产的构成、是否由村民委员会代行职能等情况。

3. 成员权益结构,包括:

(1)农村集体经济组织的资本形成情况。

(2)成员享有的经营性财产收益权份额结构。

(3)成员权益变动情况。

4. 会计报表重要项目的进一步说明,包括其主要构成、增减变动情况等。

5. 已发生损失但尚未批准核销的相关资产名称、金额等情况及说明,包括:

(1)确实无法收回的应收款项。

(2)无法收回的对外投资。

(3)毁损和报废的固定资产。

(4)毁损和报废的在建工程。

(5)注销和无效的无形资产。

(6)已发生损失但尚未批准核销的其他资产。

6.以名义金额计量的资产名称、数量等情况,以及以名义金额计量理由的说明;若涉及处置的,还应披露以名义金额计量的资产的处置价格、处置程序等情况。

7.对已在资产负债表、收益及收益分配表中列示项目与企业所得税法规定存在差异的纳税调整过程。

8.其他重要事项,包括:

(1)接受捐赠。

(2)国家财政支持和税收优惠。

(3)提取公积公益金的比例。

(4)收益分配方案、亏损处理方案。

(5)经营收入中销售收入、劳务收入、出租收入、发包收入的构成情况。

(6)根据经营活动和公益活动划分负债的具体情况等。

9.根据国家有关法律法规和集体经济组织章程等规定,需要在会计报表附注中说明的其他事项。

附录 相关法规

附录 1：农村集体经济组织财务制度

关于印发《农村集体经济组织财务制度》的通知
财农〔2021〕121 号

各省、自治区、直辖市、计划单列市财政厅（局）、农业农村厅（局、委），新疆生产建设兵团财政局、农业农村局：

为加强农村集体经济组织财务管理，规范农村集体经济组织财务行为，巩固农村集体产权制度改革成果，保障农村集体经济组织及其成员的合法权益，促进农村集体经济发展，根据有关法律、行政法规，结合农村集体经济组织实际情况，我们制定了《农村集体经济组织财务制度》。现印发给你们，请遵照执行。

附件：《农村集体经济组织财务制度》

财政部　农业农村部

2021 年 12 月 7 日

农村集体经济组织财务制度

第一章　总则

第一条　为加强农村集体经济组织财务管理，规范农村集体经济组织织财务行为，巩固农村集体产权制度改革成果，保障农村集体经济组织及其成员的合法权益，促进农村集体经济发展，根据有关法律、行政法规，结合农村集体经济组织实际情况，制定本制度。

第二条 中华人民共和国境内依法设立的农村集体经济组织适用本制度。

第三条 农村集体经济组织应当建立健全的财务管理制度，如实反映农村集体经济组织的财务状况。合理筹集资金，管好用好集体资产，建立健全收益分配制度和激励约束机制，加强财务信息管理，完善财务监督，控制财务风险，实现集体资产保值增值，推动集体经济发展。

第四条 农村集体经济组织财务活动应当遵循以下原则：

（一）民主管理。保障农村集体经济组织成员对财务活动和财务成果的知情权、参与权、表达权、监督权，实行民主管理和民主监督。

（二）公开透明。财务活动情况及其有关账目，重大经济事项等应当向全体成员公开。

（三）成员受益。保障全体成员享受农村集体经济发展成果。

（四）支持公益。农村集体经济发展成果应当用于村级组织运转保障、农村公益事业。

第五条 农村集体经济组织的财务活动应当依法依规接受乡镇人民政府（包括街道办事处，下同）和农业农村部门、财政部门的监督指导，接受审计等相关部门的监督。

第六条 建立健全农村集体经济组织负责人任期和离任审计制度，将新增债务作为重点审计内容。

第二章 财务管理主体及职责

第七条 农村集体经济组织财务管理工作应当在农村基层党组织领导下，由成员（代表）大会、理事会、监事会和会计人员等按规定履行职责。农村集体经济组织应当依法依规配备专（兼）职会计人员，也可以根据实际需要实行委托代理记账。

重大财务事项决策参照执行“四议两公开”机制，并报乡镇党委、政府或农业农村部门审核或备案。

第八条 成员(代表)大会的财务管理职责主要包括:

(一)审议、决定本集体经济组织内部财务管理制度、年度财务计划、重大财务收支事项、年度收益分配方案等;

(二)审议、决定本集体经济组织资金筹集、资产资源发包租赁、对外投资、资产处置等事项;

(三)审议、决定本集体经济组织主要经营管理人员薪酬,并对其实施监督和考核;

(四)对理事会和监事会年度财务管理、监督工作提出质询和改进意见;

(五)其他需要成员(代表)大会决定的重大财务事项。

第九条 理事会的财务管理职责主要包括:

(一)起草、执行本集体经济组织内部财务管理制度、年度财务计划、年度收益分配方案等;

(二)实施本集体经济组织资金筹集、资产资源发包租赁、对外投资、资产处置等经营活动,签订经济合同并督促合同履行;

(三)提出本集体经济组织主要经营管理人员薪酬的建议,决定其他工作人员薪酬;

(四)向成员(代表)大会报告年度财务执行情况;

(五)执行本集体经济组织章程规定及成员(代表)大会决定的其他财务事项。

第十条 监事会的财务管理职责主要包括:

(一)监督农村集体经济组织财务活动,组织开展民主理财;

(二)监督理事会、主要经营管理人员和会计人员履职行为,对损害本集体经济组织利益,违反法律、法规、行政规章、组织章程或者成员(代表)大会决议的财务行为提出质询和改进建议,对理事、主要经营管理人员和会计人员提出罢免或解聘建议;

(三)协助地方政府及有关部门做好对农村集体经济组织的审计监督工作;

(四)向成员(代表)大会报告年度财务监督情况;

(五)执行本集体经济组织章程规定及成员(代表)大会决定的其他

财务监督事项。

第十一条 会计人员的财务管理职责主要包括：

（一）会计主管人员负责组织本集体经济组织的会计工作，审核本集体经济组织的财务会计报告，在财务会计报告上签名并盖章；

（二）会计人员负责本集体经济组织会计凭证审核及填制、会计账簿登记及核算、财务会计报告编制及报送、稽核、会计档案保管、财务公开等日常工作。配合开展集体资产年度清查、审计和调查工作。

第三章 资金筹集

第十二条 农村集体经济组织可依法依规采取多种形式筹集资金。筹集资金应当履行本集体经济组织决策程序，确定筹资方式、规模和用途，控制筹资成本和风险。

第十三条 农村集体经济组织从各级政府获得资金或其他资产的，按照有关规定执行并接受监管。通过接受捐赠获得资金或其他资产的，应当及时入账，加强管理。

第十四条 农村集体经济组织采用“一事一议”方式筹资的，应当符合有关法律法规和政策要求，遵循量力而行、成员受益、民主决策、上限控制等原则，做到专款专用，确保资金用途的合法性、合理性和有效性。

第十五条 农村集体经济组织不得举债兴办公益事业；举债从事经营性活动应当纳入村级重大事项决策范围，参照执行“四议两公开”机制，并报乡镇党委、政府或农业农村部门审核或备案。

农村集体经济组织直接与社会资本合作从事经营活动的，应当在合同中明确权责边界及收益分配。

严禁将农村集体经济组织债务转嫁给地方政府。

第四章 资产运营

第十六条 农村集体经济组织应当按照有关法律、法规、政策以及组织章程加强现金、银行存款、应收款项、存货等流动资产管理，落实经营管理责任。严禁公款私存和私设小金库，加强票据管理，杜绝“白条”抵库。

第十七条 农村集体经济组织应当按照有关法律、法规、政策以及组织章程加强固定资产购建、使用、处置管理,落实经营管理责任,依法合规计提折旧。在建工程项目验收合格、交付使用后,应当及时办理竣工决算手续。

第十八条 农村集体经济组织应当按照有关法律、法规、政策以及组织章程加强集体的牲畜、林木等生物资产管理,做好增减、摊销、死亡毁损等核算工作,落实经营管理责任。

第十九条 农村集体经济组织应当按照有关法律、法规、政策明确无形资产权属及价值,纳入账内核算,落实经营管理责任,依法合规进行摊销。

第二十条 农村集体经济组织对外投资应当遵守有关法律、法规和政策规定,符合农村集体经济组织发展规划,履行民主程序,做好风险评估和控制,进行严格管理。

第二十一条 农村集体经济组织应当对发生产权转移的厂房、设施、设备等大宗资产及集体土地使用权,未纳入账内核算的、非货币资产对外投资的或其他特定目的的资产进行价值评估。

第二十二条 农村集体经济组织以出售、置换、报废等方式处置资产时,应当按照有关法律、法规和政策规定的权限与程序进行。发生的资产损失,应当及时核实,查清责任,追偿损失,并进行账务处理。

第二十三条 农村集体经济组织依法依规对外投资或进行集体资产转让、发包、租赁等情形时,应当签订书面合同,明确双方的权利义务,合理确定价格。

农村集体经济组织以及农村集体经济组织经营管理人员,不得以本集体资产为其他单位和个人提供担保。

第五章 收支管理及收益分配

第二十四条 农村集体经济组织生产销售、提供服务、投资收益、让渡集体资产资源使用权和政府给予的经营性补贴等形成的经济利益总流入,应当依法依规加强管理,做好账务处理。

第二十五条 农村集体经济组织用于经营活动、日常管理、村内公益和综合服务、保障村级组织和村务运转等各种支出，应当计入相应的成本费用，加强管理，严格执行审批程序。

第二十六条 农村集体经济组织收益分配以效益为基础，民主决策、科学分配，保障成员合法权益。

第二十七条 农村集体经济组织应当按照有关法律、法规、政策规定及组织章程约定的分配原则，按程序确定收益分配方案，明确分配范围、分配比例等重点事项，向全体成员公示。

第二十八条 农村集体经济组织可分配收益按以下顺序进行分配：

（一）弥补以前年度亏损；

（二）提取公积公益金；

（三）向成员分配收益；

（四）其他。

公积公益金按组织章程确定计提比例。

第二十九条 年终收益分配前，农村集体经济组织应当清查资产，清理债权、债务，准确核算年度收入、支出、可分配收益。

第六章 产权管理

第三十条 农村集体经济组织应当清查核实集体资产，明确资产权属，登记资产台账，编制资产负债表；建立成员名册和份额（股份）登记簿。

第三十一条 农村集体经济组织变更资产权属的，应当严格按照有关法律、法规和政策规定进行，并及时进行账务处理。

第三十二条 村庄撤并的，不得混淆集体财务会计账目，不得随意合并、平调集体资产。

第七章 财务信息管理

第三十三条 具备条件的农村集体经济组织与村民委员会应当分设会计账套和银行账户。

第三十四条 农村集体经济组织应当使用科学有效的方式采集、存储、管理和运用财务信息，逐步实现信息化管理，确保财务信息的真实性、完整性和可比性。

第三十五条 农村集体经济组织应当按照国家统一的会计制度有关规定编制年度财务会计报告，按要求报送乡镇人民政府和农业农村部门、财政部门。

第三十六条 农村集体经济组织应当建立财务公开制度，以易于理解和接受的形式公开财务信息，接受成员监督。

第三十七条 农村集体经济组织应当按照《会计档案管理办法》等有关规定，加强会计档案建设和管理，做好会计资料的保管工作。

第八章 附则

第三十八条 依法代行农村集体经济组织职能的村民委员会、村民小组等参照执行本制度。

第三十九条 地方农业农村部门、财政部门可根据本制度，结合实际情况制定具体实施细则。

第四十条 本制度自2022年1月1日起施行。

附录2：农村集体经济组织会计制度

财政部　关于印发《农村集体经济组织会计制度》的通知
财会〔2023〕14号

国务院有关部委、有关直属机构，各省、自治区、直辖市、计划单列市财政厅（局），新疆生产建设兵团财政局，财政部各地监管局，有关单位：

为规范农村集体经济组织会计工作，加强农村集体经济组织会计核算，根据《中华人民共和国会计法》等有关规定，我们对《村集体经济组织会计制度》（财会〔2004〕12号）进行了修订，现将修订后的《农村集体经济组织会计制度》印发，请遵照执行。

执行中如有问题，请及时反馈我部。

附件：农村集体经济组织会计制度

财政部

2023年9月5日

农村集体经济组织会计制度

第一章　总则

第一条　为规范农村集体经济组织会计工作，加强农村集体经济组织会计核算，根据《中华人民共和国会计法》等有关法律法规，结合农村集体经济组织的实际情况，制定本制度。

第二条　中华人民共和国境内依法设立的农村集体经济组织适用本制度，包括乡镇级集体经济组织、村级集体经济组织、组级集体经济组织。依法代行农村集体经济组织职能的村民委员会、村民小组等参照执行本制度。

第三条 农村集体经济组织应当根据本制度规定和会计业务需要，设置会计机构，或者在有关机构中设置会计人员并指定会计主管人员，或者按照规定委托代理记账，进行会计核算。

第四条 为适应双层经营的需要，农村集体经济组织实行统一核算和分散核算相结合的两级核算体制。农村集体经济组织发生的经济业务应当按照本制度的规定进行会计核算。农村集体经济组织投资设立的企业等应当按照相关会计准则制度单独核算。

第五条 农村集体经济组织应当按照本制度及附录的相关规定，设置和使用会计科目，填制会计凭证，登记会计账簿，编制财务会计报告。

第六条 农村集体经济组织的会计核算应当以持续经营为前提。

第七条 农村集体经济组织的会计核算应当划分会计期间，分期结算账目和编制财务会计报告。会计年度自公历1月1日起至12月31日止。

第八条 农村集体经济组织的会计核算应当以货币计量，以人民币为记账本位币，"元"为金额单位，"元"以下填至"分"。

第九条 农村集体经济组织的会计核算原则上采用权责发生制，会计记账方法采用借贷记账法。

第十条 农村集体经济组织的会计要素包括资产、负债、所有者权益、收入、费用和收益。

第十一条 农村集体经济组织应当以实际发生的交易或者事项为依据进行会计核算，如实反映其财务状况和经营成果。

第十二条 农村集体经济组织应当按照规定的会计处理方法进行会计核算。会计处理方法前后各期应当保持一致，一经确定不得随意变更。

第十三条 农村集体经济组织应当及时进行会计核算，不得提前或者延后。

第十四条 农村集体经济组织在进行会计核算时应当保持应有的谨慎，不得多计或少计资产、负债、收入、费用。

第十五条 农村集体经济组织提供的会计信息应当清晰明了，便于理解和使用。

第十六条 农村集体经济组织的法定代表人应当对本集体经济组织的会计工作和会计资料的真实性、完整性负责。

第二章 资产

第十七条 农村集体经济组织的资产，是指农村集体经济组织过去的交易或者事项形成的、由农村集体经济组织拥有或者控制的、预期会给农村集体经济组织带来经济利益或者承担公益服务功能的资源。

第十八条 农村集体经济组织的资产按照流动性分为流动资产和非流动资产。农村集体经济组织的资产应当按照成本计量。

流动资产是指在1年内（含1年）或超过1年的一个营业周期内变现、出售或耗用的资产，包括货币资金、短期投资、应收款项、存货、消耗性生物资产等。

非流动资产是指流动资产以外的资产，包括长期投资、生产性生物资产、固定资产、无形资产、公益性生物资产、长期待摊费用等。

第十九条 农村集体经济组织的应收款项包括与成员、非成员（包括单位及个人，下同）之间发生的各种应收及暂付款项。

应收款项应按实际发生额入账。确实无法收回的款项，按规定程序批准核销后，应当计入其他支出。

第二十条 农村集体经济组织的存货包括种子、化肥、燃料、农药、原材料、机械零配件、低值易耗品、在产品、农产品、工业产成品等。

存货按照下列原则计价：

（一）购入的存货，应当按照购买价款、应支付的相关税费、运输费、装卸费、保险费以及外购过程中发生的其他直接费用计价。

（二）在产品以及生产完工入库的农产品和工业产成品，应当按生产过程中发生的实际支出成本计价。

（三）收到政府补助的存货或者他人捐赠的存货，应当按照有关凭据注明的金额加上相关税费、运输费等计价；没有相关凭据的，按照资产评估价值或者比照同类或类似存货的市场价格，加上相关税费、运输费等计价。如无法采用上述方法计价的，应当按照名义金额（人民币1元，下同）计价，相关税费、运输费等计入其他支出，同时在备查簿中登记说明。

（四）提供劳务的成本，按照与劳务提供直接相关的人工费、材料费和应分摊的间接费用计价。

（五）盘盈的存货，应当按照同类或类似存货的市场价格或评估价值计价。

第二十一条 农村集体经济组织应当采用先进先出法、加权平均法或者个别计价法确定领用或出售的出库存货成本。计价方法一经确定，不得随意变更。

第二十二条 农村集体经济组织的存货发生毁损或报废时，按规定程序报经批准后，处置收入、赔偿金额（含可收回的责任人和保险公司赔偿的金额等，下同）扣除其成本、相关税费和清理费用后的净额，应当计入其他收入或其他支出。

盘盈存货实现的收益应当计入其他收入。

盘亏存货发生的损失应当计入其他支出。

第二十三条 农村集体经济组织的对外投资包括短期投资和长期投资。短期投资是指能够随时变现并且持有时间不准备超过1年（含1年）的投资。长期投资是指除短期投资以外的投资，即持有时间准备超过1年（不含1年）的投资。

对外投资按照下列原则计价：

（一）以货币资金方式投资的，应当按照实际支付的价款和相关税费计价。

（二）以实物资产、无形资产等非货币性资产方式投资的，应当按照评估确认或者合同、协议约定的价值和相关税费计价，实物资产、无形资产等重估确认价值与其账面价值之间的差额，计入公积公益金。

第二十四条 农村集体经济组织对外投资取得的现金股利、利润或利息等计入投资收益。

处置对外投资时，应当将处置价款扣除其账面余额、相关税费后的净额，计入投资收益。

第二十五条 农村集体经济组织的生物资产包括消耗性生物资产、生产性生物资产和公益性生物资产。消耗性生物资产包括生长中的大田作物、蔬菜、用材林以及存栏待售的牲畜、鱼虾贝类等为出售而持有的，或在将来收获为农产品的生物资产。生产性生物资产包括经济林、薪炭林、产役畜等为产出农产品、提供劳务或出租等目的而持有的生物资产。公益性生物资产包括防风固沙林、水土保持林和水源涵养林等以防护、环境保护为主要目的的生物资产。

生物资产按照下列原则计价：

（一）购入的生物资产应当按照购买价款、应支付的相关税费、运输费以及外购过程发生的其他直接费用计价。

（二）自行栽培、营造、繁殖或养殖的消耗性生物资产，应当按照下列规定确定其成本：

自行栽培的大田作物和蔬菜的成本，包括在收获前耗用的种子、肥料、农药等材料费、人工费和应分摊的间接费用等必要支出。

自行营造的林木类消耗性生物资产的成本，包括郁闭前发生的造林费、抚育费、营林设施费、良种试验费、调查设计费和应分摊的间接费用等必要支出。

自行繁殖的育肥畜的成本，包括出售前发生的饲料费、人工费和应分摊的间接费用等必要支出。

水产养殖的动物和植物的成本，包括在出售或入库前耗用的苗种、饲料、肥料等材料费、人工费和应分摊的间接费用等必要支出。

（三）自行营造或繁殖的生产性生物资产，应当按照下列规定确定其成本：

自行营造的林木类生产性生物资产的成本，包括达到预定生产经营目的前发生的造林费、抚育费、营林设施费、良种试验费、调查设计费和应分摊的间接费用等必要支出。

自行繁殖的产畜和役畜的成本，包括达到预定生产经营目的（成龄）前发生的饲料费、人工费和应分摊的间接费用等必要支出。

达到预定生产经营目的，是指生产性生物资产进入正常生产期，可以多年连续稳定产出农产品、提供劳务或出租。

（四）自行营造的公益性生物资产，应当按照郁闭前发生的造林费、抚育费、森林保护费、营林设施费、良种试验费、调查设计费和应分摊的间接费用等必要支出计价。

（五）收到政府补助的生物资产或者他人捐赠的生物资产，应当按照有关凭据注明的金额加上相关税费、运输费等计价；没有相关凭据的，按照资产评估价值或者比照同类或类似生物资产的市场价格，加上相关税费、运输费等计价。如无法采用上述方法计价的，应当按照名义金额计价，相关税费、运输费等计入其他支出，同时在备查簿中登记说明。

第二十六条 农村集体经济组织应当对所有达到预定生产经营目的的生产性生物资产计提折旧，但以名义金额计价的生产性生物资产除外。

对于达到预定生产经营目的的生产性生物资产，农村集体经济组织应当对生产性生物资产原价（成本）扣除其预计净残值后的金额在生产性生物资产使用寿命内按照年限平均法或工作量法等计提折旧，并根据其受益对象计入相关资产成本或者当期损益。

农村集体经济组织应当根据生产性生物资产的性质、使用情况和与该生物资产有关的经济利益的预期实现方式，合理确定生产性生物资产的使用寿命、预计净残值和折旧方法。生产性生物资产的使用寿命、预计净残值和折旧方法一经确定，不得随意变更。

农村集体经济组织应当按月计提生产性生物资产折旧，当月增加的生产性生物资产，当月不计提折旧，从下月起计提折旧；当月减少的生产性生物资产，当月仍计提折旧，从下月起不再计提折旧。生产性生物资产提足折旧后，不论能否继续使用，均不再计提折旧；提前处置的生产性生物资产，也不再补提折旧。

第二十七条 农村集体经济组织的生物资产死亡或毁损时，按规定程序报经批准后，处置收入、赔偿金额扣除其账面价值、相关税费和清理费用后的净额，应当计入其他收入或其他支出。

生产性生物资产的账面价值，是指生产性生物资产原价（成本）扣减累计折旧后的金额。

第二十八条 农村集体经济组织的固定资产包括使用年限在1年以上的房屋、建筑物、机器、设备、工具、器具、生产设施和农业农村基础设施等。

固定资产按照下列原则计价：

（一）购入的固定资产，不需要安装的，应当按照购买价款和采购费、应支付的相关税费、包装费、运输费、装卸费、保险费以及外购过程中发生的其他直接费用计价；需要安装或改装的，还应当加上安装调试费或改装费。

（二）自行建造的固定资产，应当按照其成本即该项资产至交付使用前所发生的全部必要支出计价。已交付使用但尚未办理竣工决算手续的固定资产，应当按照估计价值入账，待办理竣工决算后再按照实际成本调整原来的暂估价值。

（三）收到政府补助的固定资产或者他人捐赠的固定资产，应当按照有关凭据注明的金额加上相关税费、运输费等计价；没有相关凭据的，按照资产评估价值或者比照同类或类似固定资产的市场价格，加上相关税费、运输费等计价。如无法采用上述方法计价的，应当按照名义金额计价，相关税费、运输费等计入其他支出，同时在备查簿中登记说明。

（四）盘盈的固定资产，应当按照同类或类似全新固定资产的市场价格或评估价值，扣除按照该固定资产新旧程度估计的折旧后的余额计价。

第二十九条 农村集体经济组织应当对所有的固定资产计提折旧，但以名义金额计价的固定资产除外。

农村集体经济组织应当在固定资产预计使用寿命内，对固定资产原价（成本）扣除预计净残值后的金额，按照年限平均法或工作量法等计提折旧，并根据该固定资产的受益对象计入相关资产成本或者当期损益。

农村集体经济组织应当根据固定资产的性质、使用情况和与该固定资产有关的经济利益的预期实现方式，合理确定固定资产的使用寿命、预计净残值和折旧方法。固定资产的使用寿命、预计净残值和折旧方法一经确定，不得随意变更。

农村集体经济组织应当按月计提固定资产折旧，当月增加的固定资产，当月不计提折旧，从下月起计提折旧；当月减少的固定资产，当月仍计提折旧，从下月起不再计提折旧。固定资产提足折旧后，不论能否继续使用，均不再计提折旧；提前报废的固定资产，也不再补提折旧。

第三十条 农村集体经济组织固定资产的后续支出应当区分修理

费用和改扩建支出。固定资产的改扩建支出,是指改变固定资产结构、延长使用年限等发生的支出。

固定资产的改扩建支出,应当计入固定资产的成本,并按照重新确定的固定资产成本以及重新确定的折旧年限(预计尚可使用年限)计算折旧额;但已提足折旧的固定资产改扩建支出应当计入长期待摊费用,并按照固定资产预计尚可使用年限采用年限平均法分期摊销。固定资产的修理费用按照用途直接计入有关支出项目。

第三十一条 农村集体经济组织处置固定资产时,处置收入扣除其账面价值、相关税费、清理费用后的净额,应当计入其他收入或其他支出。

固定资产的账面价值,是指固定资产原价(成本)扣减累计折旧后的金额。

盘盈固定资产实现的收益应当计入其他收入。

盘亏固定资产发生的损失应当计入其他支出。

第三十二条 农村集体经济组织的在建工程是指尚未完工的工程项目。在建工程按实际发生的支出或应支付的工程价款计价。形成固定资产的,待完工交付使用后,计入固定资产。未形成固定资产的,待项目完成后,计入经营支出、公益支出或其他支出。

在建工程部分发生报废或毁损,按规定程序批准后,按照扣除残料价值和赔偿金额后的净损失,计入在建工程成本。单项工程报废以及由于自然灾害等非常原因造成的报废或毁损,其净损失计入其他支出。

第三十三条 农村集体经济组织的无形资产包括专利权、商标权、著作权、非专利技术、土地经营权、林权、草原权等由其拥有或控制的、没有实物形态的可辨认的非货币性资产。

无形资产按照下列原则计价:

(一)购入的无形资产应当按照购买价款、应支付的相关税费以及相关的其他直接费用计价。

(二)自行开发并按法律程序申请取得的无形资产,应当按照依法取得时发生的注册费、律师费等实际支出计价。

(三)收到政府补助的无形资产或者他人捐赠的无形资产,应当按照有关凭据注明的金额加上相关税费等计价；没有相关凭据的，按照资产评估价值或者比照同类或类似无形资产的市场价格，加上相关税费等计价。如无法采用上述方法计价的，应当按照名义金额计价，相关税费等计入其他支出，同时在备查簿中登记说明。

第三十四条 农村集体经济组织的无形资产应当从使用之日起在其预计使用寿命内采用年限平均法等合理方法进行摊销，并根据无形资产的受益对象计入相关资产成本或者当期损益。名义金额计价的无形资产不应摊销。无形资产的摊销期自可供使用时开始至停止使用或出售时止，并应当符合有关法律法规规定或合同约定的使用年限。无形资产的使用寿命和摊销方法一经确定，不得随意变更。

农村集体经济组织应当按月对无形资产进行摊销，当月增加的无形资产，当月开始摊销；当月减少的无形资产，当月不再摊销。

不能可靠估计无形资产使用寿命的，摊销期不得低于10年。

第三十五条 农村集体经济组织处置无形资产时，处置收入扣除其账面价值、相关税费等后的净额，应当计入其他收入或其他支出。

无形资产的账面价值，是指无形资产成本扣减累计摊销后的金额。

第三十六条 农村集体经济组织接受政府补助和他人捐赠等形成的资产（含扶贫项目资产），应当设置备查簿进行登记管理。

第三十七条 农村集体经济组织应当在每年年度终了，对应收款项、存货、对外投资、生物资产、固定资产、在建工程、无形资产等资产进行全面清查，做到账实相符；对于已发生损失但尚未批准核销的相关资产，应当在会计报表附注中予以披露。

第三章 负债

第三十八条 农村集体经济组织的负债，是指农村集体经济组织过去的交易或者事项形成的、预期会导致经济利益流出农村集体经济组织的现时义务。

第三十九条 农村集体经济组织的负债按照流动性分为流动负债和非流动负债。农村集体经济组织的负债按照实际发生额计价。

流动负债是指偿还期在1年以内（含1年）或超过1年的一个营业周

期内的债务，包括短期借款、应付款项、应付工资、应付劳务费、应交税费等。

非流动负债是指流动负债以外的负债，包括长期借款及应付款、一事一议资金、专项应付款等。

第四十条 农村集体经济组织的借款应当根据本金和合同利率按期计提利息，计入其他支出。农村集体经济组织的借款分为短期借款和长期借款，分别核算农村集体经济组织向银行等金融机构或相关单位、个人等借入的期限在1年以内（含1年）、1年以上（不含1年）的借款。

第四十一条 农村集体经济组织的应付款项包括与成员、非成员之间发生的各种应付及暂收款项。对发生因债权人特殊原因等确实无法偿还的或者债权人对农村集体经济组织债务豁免的应付款项，应当计入其他收入。

第四十二条 农村集体经济组织的应付工资，是指农村集体经济组织为获得管理人员、固定员工等职工提供的服务而应付给职工的各种形式的报酬以及其他相关支出。

第四十三条 农村集体经济组织的应付劳务费，是指农村集体经济组织为获得季节性用工等临时性工作人员提供的服务而应支付的各种形式的报酬以及其他相关支出。

第四十四条 农村集体经济组织的一事一议资金，是指农村集体经济组织兴办村民直接受益的集体生产生活等公益事业，按一事一议的形式筹集的专项资金。

第四十五条 农村集体经济组织的专项应付款，是指农村集体经济组织获得政府给予的具有专门用途且未来应支付用于专门用途（如建造长期资产等）的专项补助资金。农村集体经济组织获得政府给予的保障村级组织和村务运转的补助资金以及贷款贴息等经营性补助资金，作为补助收入，不在专项应付款中核算。

第四章　所有者权益

第四十六条 农村集体经济组织的所有者权益，是指农村集体经济组织资产扣除负债后由全体成员享有的剩余权益。

农村集体经济组织的所有者权益包括资本、公积公益金、未分配收益等。

第四十七条 农村集体经济组织的资本，是指农村集体经济组织按照章程等确定的属于本集体经济组织成员集体所有的相关权益金额。

第四十八条 农村集体经济组织的公积公益金，包括按照章程确定的计提比例从本年收益中提取的公积公益金，政府补助或接受捐赠的资产（计入补助收入的资金除外），对外投资中资产重估确认价值与原账面价值的差额，一事一议筹资筹劳转入，收到的征用土地补偿费等。

农村集体经济组织按照有关规定用公积公益金弥补亏损等，应当冲减公积公益金。

第五章 成本、收入和费用

第四十九条 农村集体经济组织的生产（劳务）成本，是指农村集体经济组织直接组织生产或对外提供劳务等活动所发生的各项生产费用和劳务支出。

第五十条 农村集体经济组织的收入，是指农村集体经济组织在日常活动中形成的、会导致所有者权益增加的、与成员投入资本无关的经济利益总流入，包括经营收入、投资收益、补助收入、其他收入等。

第五十一条 经营收入，是指农村集体经济组织进行各项生产销售、提供服务、让渡集体资产资源使用权等经营活动取得的收入，包括销售收入、劳务收入、出租收入、发包收入等。

销售收入，是指农村集体经济组织销售产品物资等取得的收入。劳务收入，是指农村集体经济组织对外提供劳务或服务等取得的收入。农村集体经济组织应当根据合同或协议约定，于产品物资已经发出、劳务已经提供，同时收讫价款或取得收款凭据时，确认销售收入、劳务收入。

出租收入，是指农村集体经济组织出租固定资产、无形资产等取得的租金收入。发包收入，是指农村集体经济组织取得的，由成员、其他单位或个人因承包集体土地等集体资产资源上交的承包金或利润等。农村集体经济组织应当根据合同或协议约定，于收讫价款或取得收款凭据时，确认出租收入、发包收入。一次收取多期款项的，应当将收款金额分

摊至各个受益期，分期确认出租收入、发包收入。

第五十二条 投资收益，是指农村集体经济组织对外投资所取得的收益扣除发生的投资损失后的净额。投资所取得的收益包括对外投资取得的现金股利、利润或利息等，以及对外投资到期收回或中途转让取得款项高于账面余额、相关税费的差额等；投资损失包括对外投资到期收回或中途转让取得款项低于账面余额、相关税费的差额等。

第五十三条 补助收入，是指农村集体经济组织获得的政府给予的保障村级组织和村务运转的补助资金以及贷款贴息等经营性补助资金。农村集体经济组织应当按实际收到的金额确认补助收入。政府给予农户的经营性补贴不确认为农村集体经济组织的补助收入。

第五十四条 其他收入，是指农村集体经济组织取得的除经营收入、投资收益、补助收入以外的收入，包括盘盈收益、确实无法支付的应付款项、存款利息收入等。农村集体经济组织应当于收入实现时确认其他收入。

第五十五条 农村集体经济组织的费用，是指农村集体经济组织在日常活动中发生的、会导致所有者权益减少的、与向成员分配无关的经济利益的总流出，包括经营支出、税金及附加、管理费用（含运转支出）、公益支出、其他支出等。农村集体经济组织的费用一般应当在发生时按照其发生额计入当期损益。

第五十六条 经营支出，是指农村集体经济组织因销售商品、提供劳务、让渡集体资产资源使用权等经营活动而发生的实际支出，包括销售商品的成本、对外提供劳务的成本、维修费、运输费、保险费、生产性生物资产的管护饲养费用及其成本摊销、出租固定资产或无形资产的折旧或摊销等。

第五十七条 税金及附加，是指农村集体经济组织从事生产经营活动按照税法的有关规定应负担的消费税、城市维护建设税、资源税、房产税、土地使用税、车船税、印花税、教育费附加及地方教育费附加等相关税费。

第五十八条 管理费用，是指农村集体经济组织管理活动发生的各项支出，包括管理人员及固定员工的工资、办公费、差旅费、管理用固定资产修理费、管理用固定资产折旧、管理用无形资产摊销、聘请中介机构费、咨询费、诉讼费等，以及保障村级组织和村务运转的各项支出。

第五十九条 公益支出，是指农村集体经济组织发生的用于本集体经济组织内部公益事业、集体福利或成员福利的各项支出，以及公益性固定资产折旧和修理费等。

第六十条 其他支出，是指农村集体经济组织发生的除经营支出、税金及附加、管理费用、公益支出、所得税费用以外的支出，包括生物资产的死亡毁损支出、损失，固定资产及存货等的盘亏、损失，防灾抢险支出，罚款支出，捐赠支出，确实无法收回的应收款项损失，借款利息支出等。

第六章 收益及收益分配

第六十一条 农村集体经济组织的收益，是指农村集体经济组织在一定会计期间的经营成果。

农村集体经济组织的收益总额按照下列公式计算：

收益总额=经营收益+其他收入–公益支出–其他支出

其中：经营收益=经营收入+投资收益+补助收入–经营支出–税金及附加–管理费用

净收益，是指收益总额减去所得税费用后的净额。

第六十二条 农村集体经济组织应当按照税法有关规定计算的应纳所得税额，按期确认所得税费用。

农村集体经济组织应当在收益总额基础上，按照税法有关规定进行纳税调整，计算当期应纳税所得额，按照应纳税所得额与适用所得税税率为基础计算确定当期应纳所得税额。

第六十三条 农村集体经济组织当年收益加上年初未分配收益为本年可分配收益，主要用于弥补亏损、提取公积公益金、向成员分配等。在提取公积公益金、向成员实际分配收益等时，应当减少本年可分配收益。

第七章　财务会计报告

第六十四条　农村集体经济组织财务会计报告是对其财务状况、经营成果等的结构性表述，包括会计报表和会计报表附注。

第六十五条　农村集体经济组织的会计报表包括资产负债表、收益及收益分配表。

资产负债表，是指反映农村集体经济组织在某一特定日期财务状况的报表。

收益及收益分配表，是指反映农村集体经济组织在一定会计期间内收益实现及其分配情况的报表。

第六十六条　农村集体经济组织可以根据需要编制月度或季度科目余额表和收支明细表。科目余额表，反映农村集体经济组织资产类、负债类、所有者权益类和成本类会计科目在月末或季度末的期末余额。收支明细表，反映农村集体经济组织损益类会计科目在各月或各季度的本期发生额。

第六十七条　会计报表附注，是指对在资产负债表、收益及收益分配表等会计报表中列示项目的文字表述或明细资料，以及对未能在这些会计报表中列示项目的说明等。

会计报表附注应当按照下列顺序披露：

（一）遵循农村集体经济组织会计制度的声明。

（二）农村集体经济组织的基本情况。

（三）农村集体经济组织的资本形成情况、成员享有的经营性财产收益权份额结构及成员权益变动情况。

（四）会计报表重要项目的进一步说明。

（五）已发生损失但尚未批准核销的相关资产名称、金额等情况及说明。

（六）以名义金额计量的资产名称、数量等情况，以及以名义金额计量理由的说明；若涉及处置的，还应披露以名义金额计量的资产的处置价格、处置程序等情况。

（七）对已在资产负债表、收益及收益分配表中列示项目与企业所得税法规定存在差异的纳税调整过程。

（八）根据国家有关法律法规和集体经济组织章程等规定，需要在会计报表附注中说明的其他重要事项。

第六十八条　农村集体经济组织对会计政策变更、会计估计变更和前期差错更正应当采用未来适用法进行会计处理。

会计政策变更，是指农村集体经济组织在会计确认、计量和报告中所采用的原则、基础和会计处理方法的变更。会计估计变更，是指由于资产和负债的当前状况及预期经济利益和义务发生了变化，从而对资产或负债的账面价值或者资产的定期消耗金额进行调整。前期差错更正，是指对前期差错包括计算错误、应用会计政策错误、应用会计估计错误等进行更正。未来适用法，是指将变更后的会计政策和会计估计应用于变更日及以后发生的交易或者事项，或者在会计差错发生或发现的当期更正差错的方法。

第八章　附则

第六十九条　农村集体经济组织填制会计凭证、登记会计账簿、管理会计档案等，应当按照《会计基础工作规范》、《会计档案管理办法》等规定执行。

第七十条　本制度自2024年1月1日起施行。《村集体经济组织会计制度》（财会〔2004〕12号）同时废止。

附录3：农村集体经济组织新旧会计制度有关衔接问题的处理规定

关于印发《农村集体经济组织新旧会计制度有关衔接问题的处理规定》的通知
财会〔2023〕20号

国务院有关部委、有关直属机构，各省、自治区、直辖市、计划单列市财政厅（局），新疆生产建设兵团财政局，财政部各地监管局，有关单位：

为规范农村集体经济组织会计工作，加强农村集体经济组织会计核算，我部修订印发了《农村集体经济组织会计制度》（财会〔2023〕14号），自2024年1月1日起施行。为确保新旧会计制度顺利衔接、平稳过渡，促进新制度的有效贯彻实施，我部制定了《农村集体经济组织新旧会计制度有关衔接问题的处理规定》，现予印发，请遵照执行。

执行中如有问题，请及时反馈我部。

附件：农村集体经济组织新旧会计制度有关衔接问题的处理规定

财政部

2023年10月23日

村集体经济组织新旧会计制度有关衔接问题的处理规定

我部对《村集体经济组织会计制度》（财会〔2004〕12号，以下称原制度）进行了修订，于2023年9月5日发布了《农村集体经济组织会计制度》（财会〔2023〕14号，以下称新制度），自2024年1月1日起施行。为确保新旧会计制度顺利过渡，现对农村集体经济组织执行新制度有关衔接问题规定如下：

一、新旧制度衔接总要求

（一）自2024年1月1日起，农村集体经济组织应当严格按照新制度进行会计核算、编报财务会计报告。

（二）农村集体经济组织应当按照本规定做好新旧会计制度衔接相关工作，主要包括以下几个方面：

1. 根据原账编制2023年12月31日的科目余额表。

2. 按照新制度设立2024年1月1日的新账。

3. 按照本规定要求，登记及调整新账的科目余额，包括将原账科目余额转入新账会计科目（新旧制度会计科目对照表见附表）、将未入账事项登记新账科目、对相关新账科目余额进行调整等。原账科目是指按照原制度规定设置的会计科目。

4. 按照登记及调整后新账的各会计科目余额，编制2024年1月1日的科目余额表，作为新账各会计科目的期初余额。

5. 根据新账各会计科目期初余额，按照新制度编制2024年1月1日资产负债表。

（三）农村集体经济组织应当对资产进行清查盘点，进一步清理核实和归类统计存货、生物资产、固定资产、无形资产等资产数据。

（四）农村集体经济组织应当按照新制度要求对原有会计信息系统进行及时更新和调试，实现数据准确转换，确保新旧账套的有序衔接。

二、将原账会计科目余额转入新账

（一）资产类。

1.“牲畜（禽）资产”科目。

新制度设置了“消耗性生物资产”“生产性生物资产”科目。农村集体经济组织应当按照新制度有关规定，根据牲畜（禽）资产的形态、价值以及产生经济利益的方式等，对原制度下的牲畜（禽）资产进行合理分析判断，重新分类为消耗性生物资产、生产性生物资产等生物资产。

转账时，农村集体经济组织应当根据相关资产台账或明细账，对原账的“牲畜（禽）资产”科目余额进行分析：

(1)对于为出售而持有的或在将来收获为农产品的牲畜(禽)资产,例如幼畜及育肥畜等,应当将相应余额转入新账的“消耗性生物资产”科目。

(2)对于为产出农产品、提供劳务或出租等目的而持有的牲畜(禽)资产,例如产畜和役畜等,应当将相应余额转入新账的“生产性生物资产”科目。

2.“林木资产”科目。

新制度设置了“消耗性生物资产”“生产性生物资产”“公益性生物资产”科目。农村集体经济组织应当按照新制度有关规定,根据林木资产的形态、价值以及产生经济利益的方式等,对原制度下的林木资产进行合理分析判断,重新分类为消耗性生物资产、生产性生物资产、公益性生物资产等生物资产。

转账时,农村集体经济组织应当根据相关资产台账或明细账,对原账的“林木资产”科目余额进行分析:

(1)对于为出售而持有的或在将来收获为农产品的林木资产,例如用材林等非经济林木,应当将相应余额转入新账的“消耗性生物资产”科目。

(2)对于为产出农产品、提供劳务或出租等目的而持有的林木资产,例如经济林、薪炭林等经济林木,应当将相应余额转入新账的“生产性生物资产”科目。

(3)对于以防护、环境保护为主要目的的林木资产,例如防风固沙林、水土保持林和水源涵养林等,应当将相应余额转入新账的“公益性生物资产”科目。

3.“现金”“银行存款”“短期投资”“应收款”“库存物资”“长期投资”“固定资产”“累计折旧”“在建工程”“固定资产清理”科目。

新制度设置了“库存现金”“银行存款”“短期投资”“应收款”“库存物资”“长期投资”“固定资产”“累计折旧”“在建工程”“固定资产清理”科目,其核算内容与原账的上述相应科目的核算内容基本相同。转账时,农村集体经济组织应当将原账的上述科目余额直接转入新账的相应科目。

4.“内部往来”科目。

新制度设置了“内部往来”科目,其核算内容与原账的相应科目的核算内容基本相同。转账时,农村集体经济组织应当将原账的“内部往来”科目及下属各明细科目借方和贷方余额分别转入新账的“内部往来”科目及下属各明细科目借方和贷方。

(二)负债类。

1.“应付款”科目。

新制度设置了“应付款”“应付劳务费”“应交税费”科目。转账时,农村集体经济组织应当结合交易或者事项的经济实质,对原账的“应付款”科目余额进行分析:

(1)将符合新制度规定的应付劳务费性质的相应余额转入新账的“应付劳务费”科目。

(2)将符合新制度规定的应交税费性质的相应余额转入新账的“应交税费”科目。

(3)将剩余余额转入新账的“应付款”科目。

2.“长期借款及应付款”科目。

新制度设置了“长期借款及应付款”“专项应付款”科目。转账时,农村集体经济组织应当结合交易或者事项的经济实质,对原账的“长期借款及应付款”科目余额进行分析:

(1)将符合新制度规定的专项应付款性质的相应余额转入新账的“专项应付款”科目。

(2)将剩余余额转入新账的“长期借款及应付款”科目。

此前根据有关工作需要在原账中已经设置了“专项应付款”科目的农村集体经济组织,转账时应当将原账的上述科目余额直接转入新账的相应科目。

3.“短期借款”“应付工资”“一事一议资金”科目。

新制度设置了“短期借款”“应付工资”“一事一议资金”科目,其核算内容与原账的上述相应科目的核算内容基本相同。转账时,农村集体经济组织应当将原账的上述科目余额直接转入新账的相应科目。

4.“应付福利费”科目。

新制度不再设置“应付福利费”科目，按照《农村集体经济组织财务制度》等有关规定，不再提取应付福利费。转账时，农村集体经济组织应当将原账的“应付福利费”科目余额转入新账的“收益分配——未分配收益”科目。

（三）所有者权益类和成本类。

新制度设置了“资本”“公积公益金”“本年收益”“收益分配”等所有者权益类科目和“生产（劳务）成本”

科目，其核算内容与原账的上述相应科目的核算内容基本相同。转账时，农村集体经济组织应当将原账的上述科目余额直接转入新账的相应科目。

（四）损益类。

由于原账中损益类科目年末无余额，无须进行转账处理。自2024年1月1日起，应当按照新制度设置损益类科目并进行账务处理。

（五）其他要求。

农村集体经济组织存在其他本规定未列举的原账科目余额的，应当比照本规定转入新账的相应科目。新账的科目设有明细科目的，应将原账的相应科目余额加以分析，分别转入新账中相应科目的相关明细科目。

农村集体经济组织在进行新旧衔接的转账时，应当编制转账工作底稿，并将转入新账的对应原科目余额及分拆原科目余额的依据作为原始凭证。

三、将原未入账事项登记新账

（一）资产类。

1.无形资产。

农村集体经济组织在新旧制度转换时，应当将2023年12月31日前未入账的无形资产按照新制度规定记入新账。登记新账时，按照确定的无形资产成本，借记“无形资产”科目，贷记“公积公益金”科目。

2.其他资产。

农村集体经济组织在新旧制度转换时，应当将2023年12月31日前未入账的其他资产按照新制度规定记入新账。登记新账时，按照确定的其他资产及其成本，分别借记相关资产类科目，贷记相关所有者权益类科目。

（二）负债类。

农村集体经济组织在新旧制度转换时，应当将2023年12月31日前未入账的负债按照新制度规定记入新账。登记新账时，按照确定的负债金额，借记“收益分配——未分配收益”科目，贷记相关负债类科目。

（三）其他事项。

农村集体经济组织存在2023年12月31日前未入账的其他事项的，应当比照本规定登记新账的相应科目。

农村集体经济组织对新账的会计科目补记未入账事项时，应当编制记账凭证，并将补充登记事项的确认依据作为原始凭证。

四、对新账的相关会计科目余额进行调整

（一）生产性生物资产折旧。

新制度设置了“生产性生物资产累计折旧”科目，核算农村集体经济组织对生产性生物资产计提的累计折旧。农村集体经济组织对尚未核销、已经按原制度分期摊销并直接冲减账面价值的产役畜、经济林木等，应当按照截至2023年12月31日累计摊销的金额，借记“生产性生物资产”科目，贷记“生产性生物资产累计折旧”科目。

（二）无形资产摊销。

新制度设置了“累计摊销”科目，核算农村集体经济组织对无形资产计提的累计摊销。农村集体经济组织应当全面核查截至2023年12月31日无形资产的预计使用年限、已使用年限、尚可使用年限等，并于2024年1月1日对前期未确认、现已确认的无形资产补提摊销，按照应计提的摊销金额，借记“公积公益金”科目，贷记“累计摊销”科目。

农村集体经济组织对新账的相关会计科目期初余额进行调整时，应当编制记账凭证，并将调整事项的确认依据作为原始凭证。

五、财务会计报告新旧衔接

（一）编制2024年1月1日资产负债表。

农村集体经济组织应当根据2024年1月1日新账的会计科目余额，按照新制度编制2024年1月1日资产负债表（仅要求填列各项目“年初余额”）。

（二）2024年度财务会计报告的编制。

农村集体经济组织应当按照新制度编制2024年度财务会计报告。在编制2024年度收益及收益分配表时，不要求填列上年比较数。

附表：新旧制度会计科目对照表

新旧制度会计科目对照表

序号	新制度会计科目		原制度会计科目	
	编号	名称	编号	名称
一、资产类科目				
1	101	库存现金	101	现金
2	102	银行存款	102	银行存款
3	111	短期投资	111	短期投资
4	112	应收款	112	应收款
5	113	内部往来	113	内部往来
6	121	库存物资	121	库存物资
7	131	消耗性生物资产		
8	132	生产性生物资产	131	牲畜(禽)资产
9	133	生产性生物资产累计折旧	132	林木资产
10	134	公益性生物资产		
11	141	长期投资	141	长期投资
12	151	固定资产	151	固定资产
13	152	累计折旧	152	累计折旧
14	153	在建工程	154	在建工程
15	154	固定资产清理	153	固定资产清理
16	161	无形资产		
17	162	累计摊销		
18	171	长期待摊费用		

续表

序号	新制度会计科目		原制度会计科目	
编号	名称	编号	名称	序号
19	181	待处理财产损溢		
二、负债类科目				
20	201	短期借款	201	短期借款
21	211	应付款	202	应付款
22	213	应付劳务费		
23	214	应交税费		
24	212	应付工资	211	应付工资
25	221	长期借款及应付款	221	长期借款及应付款
26	241	专项应付款		
27	231	一事一议资金	231	一事一议资金
28			212	应付福利费
三、所有者权益类科目				
29	301	资本	301	资本
30	311	公积金益金	311	公积金益金
31	321	本年收益	321	本年收益
32	322	收益分配	322	收益分配
四、成本类科目				
33	401	生产(劳务)成本	401	生产(劳务)成本
五、损益类科目				
34	501	经营收入	501	经营收入
35			511	发包及上交收入
36	502	投资收益		投资收益
37	503	补助收入	561	补助收入
38	504	其他收入	522	其他收入
39	511	经营支出	531	经营支出
40	512	税金及附加	502	
41	513	管理费用		管理费用
42	514	公益支出	541	其他支出
43	515	其他支出	551	
44	521	所得税费用		农业税附加返还收入
45			521	经营收入

*新制度取消应付福利费科目，原账科目余额转入“收益分配——未分配收益”科目。